ウエルビクス運動のすすめ

―健康づくりと自立維持を目指す運動の実践のために―

朝日大学保健医療学部教授
竹島伸生［編著］

NAP
Limited

著者一覧（執筆順）

竹島　伸生　朝日大学保健医療学部健康スポーツ科学科

竹田　正樹　同志社大学スポーツ健康科学部

加藤　　尊　朝日大学保健医療学部健康スポーツ科学科

鈴木　重行　名古屋大学大学院医学系研究科

松尾　真吾　日本福祉大学健康科学部リハビリテーション学科

侘美　　靖　北海道文教大学大学院健康栄養科学研究科

侘美　俊輔　稚内北星学園大学情報メディア学部情報メディア学科

岡田　壮市　鵜飼病院リハビリテーション科

小泉　大亮　四日市大学総合政策学部

藤田　英二　鹿屋体育大学スポーツ生命科学系

加藤　芳司　トライデントスポーツ医療看護専門学校理学療法学科

渡辺　英児　龍谷大学理工学部

北林由紀子　名古屋医専高度看護保健科

注意：すべての学問は絶え間なく進歩しています。研究や臨床的経験によってわれわれの知識が広がるに従い，方法などについて修正が必要になります。本書で扱ったテーマに関しても同じことがいえます。本書では，発刊された時点での知識水準に対応するよう著者および出版社は十分な注意をはらいましたが，過誤および医学上の変更の可能性を考慮し，著者，出版社および本書の出版にかかわったすべての者が，本書の情報がすべての面で正確，あるいは完全であることを保証できませんし，本書の情報を使用したいかなる結果，過誤および遺漏の責任も負えません。読者が何か不確かさや誤りに気づかれたら出版社にご一報くださいますようお願いいたします。

はじめに
–現代社会を生き抜くために必要な要素とウエルビクスの重要性–

　従来から健康づくりのために必要な運動としてエアロビクスが推奨され，高齢者においても歩行がすすめられてきた。これは現代病の多くが動脈硬化によるものであるという背景から，呼吸循環機能に焦点をあてたものといえる。しかし，加齢による呼吸循環機能の低下や骨粗鬆症の増加には，運動を実施する際に必要な筋の機能低下や筋量の減少が大きく影響する。そのため，長い人生において自立した生活を維持するためには，呼吸循環機能だけでなく，筋力，柔軟性も必要であり，さらに転倒予防のためのバランス能も必要になる。そこで推奨されているのが，これらの機能をバランスよく向上させるための運動「well–rounded exercise」である。

　この「well–rounded exercise」という言葉は，州立フロリダ大学 Michael Pollock 教授（故人）が 1984 年心臓リハビリテーションの運動療法においてエアロビクスと筋力づくり，双方の重要性を表わすために使ったものである。筆者は 1993 年に在外研究および客員教授としてフロリダに訪問して以来，Pollock 教授と共同研究を行い，この「well–rounded exercise」を「ウエルビクス」と名づけ，健康づくりと自立維持を目指す運動として普及に努めてきた。当時は，エアロビクス運動とレジスタンス運動および柔軟運動をあわせて行う複合様式が前提であった。この「ウエルビクス」は，2000 年度の 1 年間 NHK の「きょうの健康」という番組で種々の運動を紹介し，それらをまとめて書籍として発刊した。

　筆者は，Pollock 教授が他界された 1998 年以降，新たに Michael E. Rogers 教授（Wichita State University），Nichole L. Rogers 准教授（Wichita State University）らとバランス運動の研究を実施してきた。さらに，日米で地域型運動（community–based exercise）の研究にも積極的に取り組み，新しいウエルビクスを取り入れてきた。実際，2000 年前後から，地域で取り組むウエルビクスを国内数ヵ所で展開している。また，前任校であった名古屋市立大学システム自然科学研究科および鹿屋体育大学では，リハビリテーション，看護，栄養，保健，医学などの領域の大学院生とともに虚弱者支援のための運動方法についても検討を重ねた。

　本書は，今後一層高齢者の自立支援が必要とされるなかで，適切な運動の指導と実践を目指して「well–rounded exercise」，「ウエルビクス」運動のあり方を紹介するものである。高齢者は，体力や健康度の個人差が大きい。そのため 1 つの運動や単一の運動ですべての人をカバーするこ

はじめに

とはできない。筆者らは，長期にわたって虚弱な高齢者から元気な高齢者にいたるまで，幅広い対象者に対して介入研究を行い，運動の有効性を確認したプログラムを展開してきた。そこから得られた結果とともに，高齢者の心身に対する運動による顕著な効果が期待できる方法を具体的に示した。

　また，健康づくりやそれぞれの研究領域の専門家の方々の協力を得て最新の情報を加え，具体的な運動方法を紹介した。単独の運動と複合運動，さらに地域での健康づくりを進めるうえで有効とされている地域型運動の理論と実際を章立てしており，それぞれにあった運動を参考にしていただきたい。

竹島　伸生

もくじ

はじめに−現代社会を生き抜くために必要な要素とウエルビクスの重要性−　　　iii

第1章　加齢に伴う体力や機能の低下

Ⅰ．呼吸循環器系体力 ……………………………………………………… 1
　　1．心血管系機能　　1
　　2．血　圧　　2
　　3．末梢血流　　3
　　4．呼吸機能　　3
　　5．最大酸素摂取量　　4

Ⅱ．骨・筋力 ……………………………………………………………… 6
　　1．筋　力　　6
　　2．筋　量　　6
　　3．骨　量　　7

Ⅲ．バランス能（平衡性） ………………………………………………… 9
　　1．バランス能とは　　9
　　2．バランス能の加齢変化　　9

Ⅳ．柔軟性 ………………………………………………………………… 12
　　1．柔軟性とは　　12
　　2．柔軟性の評価法　　12
　　3．柔軟性の加齢変化　　13

Ⅴ．身体活動量 …………………………………………………………… 16
　　1．身体活動量とその測定方法　　16
　　2．高齢者の身体活動量と加齢変化　　17

Ⅵ．心理・社会的機能 …………………………………………………… 19
　　1．高齢者の心理的機能　　19
　　2．高齢者の社会的機能　　19

もくじ

第2章　高齢者も鍛えれば変わる − 運動の生理的効果 −

Ⅰ. **安全で効果的な運動とは − 運動指導上の注意 −** ……………………………… 23

　1. 個人の身体特性・体力・運動能力評価の重要性　　23

　2. 有疾患者・メタボリックシンドローム予備群への指導上の留意点　　　23

　3. リスクスクリーニングとセルフチェック　　24

　4. 高齢者に対する運動指導上の配慮と留意事項　　24

Ⅱ. **定期的なトレーニングの効果** ………………………………………………… 27

　1. エアロビクストレーニング　　27

　2. レジスタンス（筋力）トレーニング　　29

Ⅲ. **スーパー高齢者の身体能力と身体活動量** ………………………………… 30

　1. 三浦雄一郎氏の場合　　30

　2. U氏の場合　　31

Ⅳ. **虚弱高齢者に対する運動の効果** ……………………………………………… 33

第3章　高齢者に対するエアロビクス運動の理論と実際

Ⅰ. **エアロビクス運動とは** ………………………………………………………… 35

Ⅱ. **至適な運動の組み立て方と実際** ……………………………………………… 35

　1. 運動強度と時間　　36

　2. 運動頻度　　37

　3. 運動種目　　37

Ⅲ. **身体活動としての歩行** ………………………………………………………… 38

Ⅳ. **加速度計付き歩数計を使った健康づくり** …………………………………… 39

第4章　高齢者に対するレジスタンス運動の理論と実際

Ⅰ. **レジスタンス運動とは** ………………………………………………………… 41

Ⅱ. **レジスタンス運動の種類** ……………………………………………………… 41

　1. 筋の収縮様式に準じた分類　　41

　2. 運動に参加する関節の数による分類　　43

　3. 抵抗として用いる負荷の種類による分類　　43

Ⅲ. **至適なレジスタンス運動の組み立て方** ……………………………………… 45

　1. 運動強度　　45

2．回数と頻度　　　45

3．レジスタンス運動時の留意点　　　46

Ⅳ．油圧式マシンによる運動 ……………………………………………………… 47

Ⅴ．ゴムバンドを使った運動 ……………………………………………………… 49

1．ゴムバンドの使い方　　　50

2．バンド運動の実際　　　51

Ⅵ．虚弱者に対する自重を用いたスクワット運動 ………………………………… 51

Ⅶ．虚弱者を対象にした運動 – 座位での運動 – ………………………………… 58

Ⅷ．ADL を高めるための運動 …………………………………………………… 60

Ⅸ．骨密度を高めるための運動 …………………………………………………… 62

1．動物実験より得られた骨量増量トレーニングの基本原則　　　62

2．ジャンプトレーニングの人への応用　　　62

3．運動が骨強度に及ぼす影響　　　63

4．運動の骨強度への影響 – 投薬との比較 –　　　64

5．閉経後の中高年女性の骨を強くするトレーニング　　　64

第 5 章　高齢者に対する柔軟運動の理論と実際

Ⅰ．柔軟運動とは ……………………………………………………………………… 67

Ⅱ．高齢者に対する柔軟運動 ………………………………………………………… 68

Ⅲ．柔軟運動時の留意点 ……………………………………………………………… 70

第 6 章　高齢者に対するバランス運動の理論と実際

Ⅰ．転倒予防を目指すバランス運動とは ………………………………………… 73

Ⅱ．至適な運動の組み立て方 ………………………………………………………… 74

Ⅲ．バランス運動の実際 ……………………………………………………………… 76

第 7 章　心理・社会的効果を得るための運動方法

Ⅰ．運動の実践による心理的効果と運動の継続 ………………………………… 81

1．心理的側面からみた運動の重要性と運動方法　　　81

2．運動を継続するために：楽しさ，自律的動機づけが継続の要因　　　82

3．なぜ運動に参加するのか　　　82

もくじ

4. なぜ運動しないのか　　83

5. 運動を継続することの難しさ　　83

6. 楽しさを感じる運動内容（プログラム）　　83

7. 運動継続行動における理論　　84

Ⅱ. サステナビリティのための運動 ……………………………………………… 86

第8章　高齢者にすすめられるウエルビクス運動の実際

Ⅰ. ウエルビクス運動の組み立て方と実際 ……………………… 91

Ⅱ. コンバインドとコンカレントによる運動 ……………………… 92

Ⅲ. サーキット運動 …………………………………………………………… 93

Ⅳ. 水中運動 …………………………………………………………………… 94

Ⅴ. ノルディックウォーキング ………………………………………… 96

1. ノルディックウォーキングとは何か　　96

2. ノルディックウォーキングの特徴　　96

3. ノルディックウォーキングのリハビリテーションとしての効用　　97

第9章　地域型運動のすすめ

Ⅰ. 運動の種類と継続 …………………………………………………… 99

Ⅱ. 効果的な運動実践への工夫 – 運動実施の順序 – ……………………100

Ⅲ. 実践例 ………………………………………………………………………101

文　献 ………………………………………………………………………103

索　引 ………………………………………………………………………115

第1章

加齢に伴う体力や機能の低下

I. 呼吸循環器系体力

　一般的に加齢に伴って持久力が低下するが，その原因は中枢性および末梢性の心血管機能の低下によるものと考えられている。ここでは，加齢に伴う心血管系機能の変化について論じる。

1. 心血管系機能

　加齢に伴って起こる心血管機能の変化で最も顕著なものは，最高心拍数の低下である。最高心拍数の推定には「220－年齢」が広く用いられている。これによると加齢に伴い毎年1拍/分低下することになり，20歳であれば200拍/分前後，60歳であれば160〜166拍/分前後になる。しかし最近の研究では，高齢者の最高心拍数は，この推定値より高いことが示されている（208－0.7 × 年齢）[60]（図1-1）。

　加齢に伴い最高心拍数が低下すると，心臓からの1分あたりの血液の拍出量（心拍出量）が低下する。心拍出量は，一回拍出量（左心室が1回の収縮で送り出す血液量）に大きく影響される。しかし，心臓はカテコールアミン刺激に対する反応性や心筋収縮性が低下すれば，Frank–Starlingの法則（心筋は

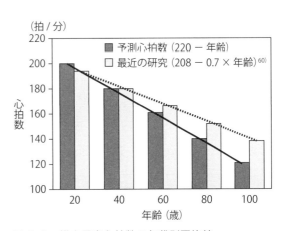

図 1-1 推定最高心拍数の年代別平均値
最近の研究では，高齢者の心拍数は「220-年齢」による推定値より高いことが示されている。

弛緩期に伸展していればいるほど強い収縮力を発生する）を維持し，左心室の拡張末期容量を高め，一回拍出量を維持しようとする。したがって，加齢に伴う心拍出量の低下は一回拍出量によるものでなく，心拍数の低下によるところが大きい。高齢の持久性ランナーを対象とした研究から，加齢に伴う最大酸素摂取量（$\dot{V}O_2max$）の低下は心拍出量の低下によるところが大きいが，高齢者の心容積は若年者と変わらないことが明らかになっている[65]。換言すれば，高齢者の最大酸素摂取量の低下は，最高心拍数の減少によるものとみられている。

　加齢に伴う最高心拍数の低下は，身体活動の多さとはあまり関連がみられず，心臓の形態学的・構造的変化，および心臓の刺激伝導系の電気生理学的な変化によるものと考えられている[65]。心臓の形態学的・構造的変化として，心筋細胞の変性や損失が考えられているが，これらは機能の低下には結びつかない。加齢による心機能の変化は，心筋の収縮時間の延長や心筋が収縮するまでの時間，さらには心筋の最大収縮力を達成するまでの時間の延長などとされている[51]。これらの変化は，心筋の十分な弛緩を阻害するため，心室拡張期における血液の充満が不十分になる。左心室の血液充満は20歳から70歳までにおよそ50%低下し，左心室壁厚は25歳から80歳までに30%増加する。この機能低下に対しては代償的な働き（血圧増加など）が生じるとされているが[12, 25, 29]，心機能の低下の根本的な原因は，加齢に伴うさまざまな疾患への罹患やライフスタイルの変化に伴う心筋細胞の病理学的変化が大きい。

　血圧の増加は，心筋への負荷を増加させ，心筋肥大をもたらす。心房においても加齢に伴い仕事量は増加する。加齢に伴い心室の拡張性が低下することから，静脈還流とは別に心室の血液を充満させるために心房自体の仕事量が増加する。心室の血液を充満させるための心房自体の寄与率は，25歳で19%であるのに対し，65歳では37%まで増加する[65]。したがって，加齢に伴う心室の仕事量の増加と相まって，心臓全体の仕事量が増加し，心筋酸素消費量を高め，狭心症や心筋梗塞の発症率が高くなる。

　電気生理学的な変化は，活動電位の伝導速度に影響を与える，いわゆるペースメーカーとして知られている洞房結節とヒス束（左右の心室に活動電位を伝える共通束）の加齢による変化が影響していると考えられている[65]。さらに，心臓のカテコールアミン受容体である β_1 受容体（心臓の心筋や刺激伝導系に発現し，心筋を刺激して収縮力を増加させ，洞房結節のリズムを取るのに重要な役割を果たす）の下方制御が心臓のカテコールアミン刺激に対する感受性低下をもたらし，最高心拍数を低下させる。高齢者における運動の習慣化は，左室収縮能を高めるという重要な効果があるため[11]，加齢に伴う心機能の低下を遅延させることが期待できる。

2. 血　圧

　わが国の高齢者における高血圧症の発症率は，60歳以上で70%を超える。加齢に伴って動脈血圧が高くなるが，特に収縮期血圧が拡張期血圧より増加しやすい。脈圧（収縮期と拡張期の差）も加齢に伴って増加する。収

縮期血圧の増加は、姿勢変化時の血圧調整能力を低下させるため、脳血管の血圧維持機能の低下をもたらし、高齢者における姿勢変化時（主に立ち上がったとき）に転倒しやすくなる[51]。

一方、拡張期血圧は末梢血管抵抗を反映するが、加齢に伴って動脈硬化が進行するため、拡張期血圧も少しずつ高くなる。動脈硬化は血管の弾力性の低下をもたらすので、血液の貯蔵能力が低下する（血管の弛緩にかかる時間の延長）。

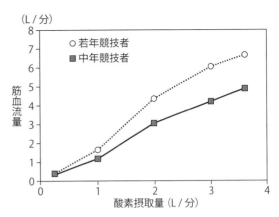

図 1-2 酸素摂取量に対する脚部筋血流の変化（文献 48 より引用）
同じ酸素摂取量でも中年競技者では、若年競技者と比べて脚部の筋血流量は低値を示した。

3. 末梢血流

加齢に伴い、脚部の毛細血管密度は低下しないにもかかわらず、脚部への末梢血流量は低下することが知られている。**図 1-2** は酸素摂取量と脚部血流量の関係をみたものである。中年競技者は若年競技者と比較して、酸素摂取量に対する脚部の末梢血流量が低値を示している[48]。中高年の持久性競技者は、脚部血流量（末梢酸素摂取量）の低下を、最大下運動で動静脈酸素較差の増大により補っている。Dinenno ら[10]は、健康な若年者（16 名、平均年齢 28 歳）と高齢者（15 名、平均年齢 63 歳）を対象にした研究で、血圧が正常な者でみると、拡張期血圧と体脂肪率は高齢者が有意に高く、心拍出量が同じレベルでみても大腿動脈血流量が高齢者で 26％低いことを報告した。さらに、高齢者のほうが、大腿動脈の血管伝導性が 32％低く、血管抵抗性が 45％高かった。一方、筋の交感神経活動は、高齢者のほうが 74％高く、大腿部血流量が最大酸素摂取量と高い相関が認められた（r＝0.78）。以上より、加齢に伴い脚部血流量と血管伝導性が低下するが、これらは交感神経性の血管収縮活動と関連しており、下肢全体の筋血流量が筋量とは関係なく組織への酸素供給量を低下させていると考えられている。

Proctor ら[47]は、中高年ランナー（55～68 歳）は、若年ランナー（22～32 歳）より脚部血流量、血管伝導性、大腿静脈酸素飽和度が 20～30％低値を示しても、脚部動静脈酸素較差が中高齢者で高値を示すことを指摘した。これは、組織への酸素供給がある程度、需要に見合うように適応を示していることを示唆するものである[65]。加齢による機能の低下には運動習慣やライフスタイルが影響することを理解する必要がある。

4. 呼吸機能

呼吸機能は、座位的生活者において加齢に伴い明らかに低下するようである。肺活量と努力性肺活量の 1 秒量は 20～30 歳以降、加齢に伴い直線的に低下する。一方、残気量は

第 1 章　加齢に伴う体力や機能の低下

表 1-1　加齢に伴う最大酸素摂取量（mL/kg/分）の変化（文献 2，56，58 より作成）

年代	一般人		トレーニング群	
	男性（1 年あたりの低下率）[56]	女性（1 年あたりの低下率）[56]	男性ランナー（1 年あたりの低下率）[2]	男性ランナー（1 年あたりの低下率）[58]
20 代	43.8	34.3	58.1	—
30 代	40.1（−0.8%）	31.8（−0.7%）	54.5（−0.6%）	—
40 代	36.4（−0.8%）	29.2（−0.7%）	50.9（−0.6%）	56.9
50 代	32.6（−0.9%）	26.6（−0.7%）	47.4（−0.6%）	46.2*（−1.9%）
60 代	28.9（−0.9%）	24.1（−0.7%）	43.8（−0.6%）	44.2*（−1.1%）
70 歳以上	27.1（−0.8%）	21.5（−0.7%）	40.2（−0.6%）	35.6*（−1.9%）

＊：40 代からの 1 年あたりの変化量を示す。その他は 20 代からの変化量で示した。

加齢に伴い増加し，総肺活量はあまり変化しない。したがって，総肺活量に対する残気量の比は増加し，肺での空気の交換量は加齢に伴って低下する。残気量は若年者では総肺活量の 20% 程度であるが，60 歳では 40% 前後まで増加する[51]。喫煙はこの残気量を高める。

　これらの変化は，加齢に伴う運動中の換気量の変化と似ている。最大換気量は発育に伴って増加するが，その後，加齢に伴い低下する。換気量は男性で 4〜6 歳の幼少年期で 40 L/分，成人で 110〜140 L/分，60〜70 歳で 70〜90 L/分と変化する。女性も同じような変化であるが，一般的に男性と比べて身体が小さいことから絶対値は全年齢を通して低い。

　加齢に伴う呼吸機能（または能力）の低下は，加齢に伴う肺組織や胸壁の弾性低下によるところが大きい。肺組織や胸壁は呼吸機能に大きく関与し，特に胸壁硬化は，呼吸機能を大きく低下させる原因となっている[65]。しかし，肺は十分な余力（肺の酸素拡散応力）があり，運動に必要な酸素量は最大運動時の需要に見合う程度に十分に供給されるので，肺機能は持久能力の制限因子にはなっていない。高齢者でも特に持久性トレーニングを積

んだ人は肺換気量が低下しておらず，持久力低下の要因にならない。高齢になっても最大運動時の動脈血酸素飽和度はほぼ最大値を達成できるので，酸素運搬能力（飽和度という意味で）が加齢に伴う最大酸素摂取量の低下の要因とも考えられない。したがって，呼吸機能よりも加齢に伴う筋への酸素供給能力の低下が問題となるだろう。その供給能力低下とは，先に述べた加齢に伴う最高心拍数の低下，最大心拍出量の低下，活動筋への血流量の低下のことであり，これらは加齢の主な特徴といえる。

5．最大酸素摂取量

　最大酸素摂取量（$\dot{V}O_2max$）は，肺での呼吸能力，活動筋への血液循環を介した酸素運搬能力，活動筋における酸素摂取率など，活動筋への最大酸素供給・摂取能力の総合的な指標である[4]。$\dot{V}O_2max$ は，絶対値（L/分）または体重あたりの値（mL/kg/分）で表わされる。絶対値でみた場合は，20 歳以降それほど低下しないが，体重あたりの値でみると加齢に伴って大きく低下する。これは，20 歳以降の体重増加によるものである。したがっ

4

て，$\dot{V}O_2$max の表記は，体重を支える必要のあまりない自転車運動では絶対値で示してよいが，体重が関係してくるランニングやウォーキングでは体重あたりの値で示すほうがよい[65]。また，加齢に伴う $\dot{V}O_2$max の変化を示す場合，相対的変化（%）で示すのか，絶対値の変化（L/分，mL/kg/分）で示すのかについても注意が必要である。加齢に伴う $\dot{V}O_2$max の変化は，男女とも特別な運動をしない一般的な人で，ほぼ1年ごとに1%ずつ（10年でおよそ10%）低下するといわれている。表 1-1 に日本人を対象とした加齢による $\dot{V}O_2$max の変化を示した。一般人では男女とも1年に0.7〜0.9%の低下率となっているが，トレーニング群では一般人より低下率が小さい結果もみられるが，若い時のレベルが高い場合に低下率が大きいこともあり一様ではない。このように，低下率は身体活動レベルによって異なるため，個人差が大きいことを理解しておくべきである。

ハーバード疲労研究所の研究によると，Don Rash という2マイル走の世界記録保持者（当時）は，49歳になってもなお毎日45分のランニングを続けていたが，彼の $\dot{V}O_2$max は24歳のときに81.1 mL/kg/分であったものが，49歳では54.4 mL/kg/分にまで低下していた[9]。このように，トレーニングを続けていても最大酸素摂取量は低下するため，トレーニングを中止した人の場合はより低下が顕著になる。ランナー（あるいは過去ランナーであった人）の低下量は，23歳の70 mL/kg/分から50歳では40 mL/kg/分程度まで低下する。しかし，表 1-1 に示したように，トレーニングを続けている70歳

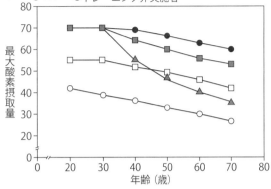

図 1-3 加齢に伴う最大酸素摂取量の変化（文献65より引用）
いずれの活動レベルでも，加齢に伴い最大酸素摂取量は低下するが，運動習慣のあるほうが高いレベルを維持できている。

以上のランナーの $\dot{V}O_2$max は，40代の一般人と同程度であり，高い能力を有している。これまでの研究から，高齢になってもトレーニングを行うことにより $\dot{V}O_2$max の改善が期待できる。とはいえ，加齢による低下を遅らせるためには，若いうちからその実践を続けることが何よりも重要である。

さまざまな身体活動レベル別の $\dot{V}O_2$max の加齢に伴う変化を図 1-3 に示した。この図から明らかなように，いずれの活動レベルでも加齢に伴い $\dot{V}O_2$max は低下するが，運動習慣を有することで，各年代で高いレベルが維持できている。したがって，$\dot{V}O_2$max の加齢による低下には運動習慣やライフスタイルの影響が大きいため，運動の実践が必要である。

（竹田　正樹）

II. 骨・筋力

1. 筋力

　一般的に，加齢に伴う筋力の低下率はおよそ1年に1％とされている。文部科学省は1964年以来，幅広い年齢層を対象に「体力・運動能力調査」を行ってきた。その結果から，握力（上肢の筋力）と立ち幅跳び（下肢の筋力）の加齢に伴う変化を図1-4に示した[35]。男女の平均で20代前半の値を100％とし，加齢による変化を表わしている。握力は30代後半にピークがあり，55歳以降で低下がはじまっている。しかし加齢の影響は小さく，60代前半でも20代前半からわずか6％の低下であり，70代後半になっても20代前半の78％程度が維持されている。一方，立ち幅跳びは25歳ですで低下がはじまっている。60代前半では20代前半と比べて22％も低下している。このように，加齢に伴う筋力の低下は部位によって異なり，下半身から衰えていく。

2. 筋量

　筋力は筋の横断面積と比例する。また，筋量が減少することで筋の横断面積が小さくなる。これまで加齢に伴う筋量の減少は，筋力と同様に直線的で，1年に1％程度減少すると考えられてきた。しかし，詳細にみると高齢期になると急に減少するようである。白人を対象に死後3日以内の男性43名（15～83歳）の外側広筋を解剖し，筋横断面積を求めた研究[30]では，20代前半のピークの後，年齢とともに筋横断面積が減少し，50代で10％程度，80代で50％程度の減少がみられた。このように高齢になるにしたがって，筋は大きく萎縮するようである。性別や人種の違いなども関係するが，日本人女性を対象に大腿中位部筋（大腿四頭筋，ハムストリングスなど）の筋横断面積をMR画像により求めた研究でもきわめて類似した結果が得られている（図1-5）。

　筋は筋線維の集まりである。筋線維は大きく速筋線維と遅筋線維に大別できる。速筋線維は力強く素早い動作に対応し，遅筋線維は大きな力を素早く出すことは不得手であるが，何回も繰り返し反復する持久的な動作に対応する。このうち，加齢により減少が著しいのは速筋線維である。図1-6に示すような加齢に伴う筋横断面積の減少は，主に速筋線維の減少によるものである。

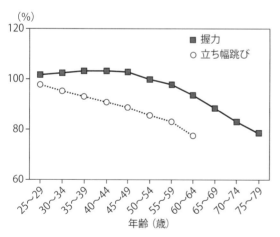

図1-4 20代前半を100％とした握力（上肢の筋力）と立ち幅跳び（下肢の筋力）の加齢に伴う変化（文献35のデータより作図）
握力は70代後半になってもある程度維持されているが，立ち幅跳びは早期から低下している。このように，人の筋力は下半身から衰えていく。

第 1 章　加齢に伴う体力や機能の低下

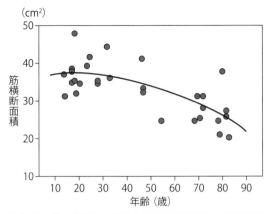

図 1-5　白人男性の外側広筋筋横断面積の加齢変化（文献 30 より改変）
白人男性 43 名を解剖により分析。加齢に伴い，外側広筋の筋横断面積は大きく低下している。

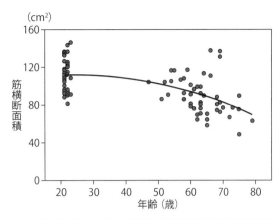

図 1-6　日本人女性の大腿中位部筋横断面積の加齢変化（若年女性 40 名と中高年女性 51 名の MR 画像より分析）（加藤ら，未発表）
日本人女性でも加齢に伴い，筋横断面積は大きく減少している。

超音波法により上肢と下肢の筋量の変化を比較した研究がある[15]。70 代の上腕前部の筋量を 20 代と比較すると 87％程度であったが，大腿前部の筋量は 60％と上肢と比べ大幅に減少していた。加齢に伴う筋量の減少により筋力が低下する。図 1-4 に示した「握力」，「立ち幅跳び」の結果もこのことを端的に表わしている。

3. 骨　量

骨量は一般に少年期から漸増し，思春期で急増して 20 代前半に最大になるが，その時期は部位により異なる。これは，骨の機能的な役割や骨へ加わる荷重特性の違いによるもの，骨を構成する皮質骨と海綿骨の割合が異なることに起因する。女性の腰椎と大腿骨頸部の骨密度を CT によって計測した研究[20]では，腰椎の骨密度のピークは 29 歳頃であるが，大腿骨頸部では 12 歳頃であった。この腰椎，大腿骨近位端部（大腿骨頸部を含む）

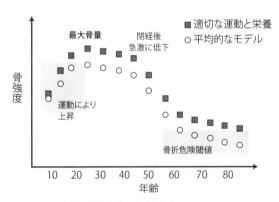

図 1-7　女性の骨強度の加齢変化
骨強度は閉経を境に大きく減少し，閉経後 10 年間でおおよそ 15％低下する。

は骨折が頻発する部位である。

腰椎は，骨粗鬆症診断のために重要な測定部位であり，骨塩量や骨密度など骨強度の指標として取り上げられることが多い。女性では，最大骨量を迎えた後，閉経の前後 5 年間の更年期に急激に減少し（図 1-7），閉経後 10 年間でおおよそ 15％低下する。つまり 60 代後半の女性の 2 人に 1 人が日本骨粗鬆症学

7

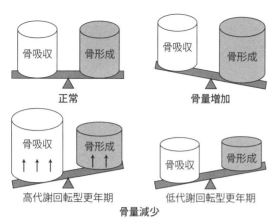

図 1-8 骨吸収と骨形成のバランスと骨量減少
骨量の減少には，骨吸収量が骨形成量を上まわる高代謝回転型と，骨形成と骨吸収がともに低下する低代謝回転型がある。

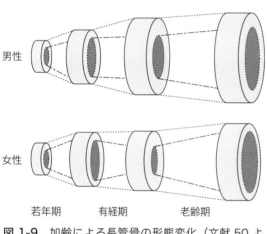

図 1-9 加齢による長管骨の形態変化（文献 50 より改変）
有経期には外側へ拡大する骨膜性骨形成の阻害と皮質内膜側での骨形成で内側へ皮質が厚くなる。老齢期ではエストロゲンの減少による骨塩量の減少，皮質骨内膜側での骨吸収と外側への拡大がみられる。

会の判定基準である若年成人骨密度の 70％ を下まわる骨粗鬆症ということになる。

骨代謝からこの減少を説明する（図 1-8）。閉経により骨形成促進，骨吸収抑制に多大な影響があるエストロゲンの分泌がほとんどなくなることにより骨吸収が亢進する。そのため骨形成が促され代謝回転が高くなるが，全体としての出納をみると吸収量が形成量を上まわる高代謝回転型の骨代謝状態となる。しかし，いつまでもこの状態が続くわけではなく，閉経から一定年数を経た高齢者では，骨形成と骨吸収がともに低下することで骨量が減少し，いわゆる低代謝回転型の骨代謝状態となる。男性の骨量減少は，女性に比べ少し遅く 65 歳前後から起こり，年 1 ％程度の低下である。最大骨量を 100 ％として考えれば，生涯を通じての減少量はおおよそ 20～30 ％ということになる[42]。

骨粗鬆症は，多因子による疾患である。遺伝的な要因（両親など近親者の骨折経験の有無）と生活習慣（食事，運動，喫煙，アルコール摂取の有無など）や年齢や性ホルモン（エストロゲン）分泌の低下（閉経）などが大きく影響する。骨粗鬆症は続発性骨粗鬆症と原発性骨粗鬆症の 2 つに分けられる。続発性骨粗鬆症は何らかの疾患が関与しており，特にステロイド性骨粗鬆症には，固有の病態生理メカニズムがある。一方，閉経や老化などに起因する原発性骨粗鬆症が骨粗鬆症患者の多くを占める。そのメカニズムは，高代謝回転の状態と，骨吸収が骨形成を大幅に上まわったアンバランス状態に起因する。

骨折が頻発する大腿骨に代表される長管骨は，年齢とともに長軸に対して外側に拡大する（図 1-9）。しかし，その様相は性別により異なる。思春期の第 2 次性徴までは，長管骨の外側で起こる骨膜性骨形成の程度に性差はほぼない。初経後，エストロゲンが長管骨の

第1章　加齢に伴う体力や機能の低下

外側で起こる骨膜性骨形成を阻害し，内側の皮質内膜での骨形成を促進するため，女性では内径が男性と比べ相対的に小さくなる。一方，男性はアンドロゲンの作用により外側への拡大（骨膜性骨形成）が進み内径が大きくなり，骨の長軸に対して皮質が遠ざかること

になる[49]。閉経後はエストロゲンによる骨膜性骨形成の阻害がはずれ，再び皮質を外側に広げる。皮質を外側に広げることで，加齢に伴う骨量減少，骨強度の低下を軽減する，いわば代償作用のような働きがある。

（加藤　尊）

III. バランス能（平衡性）

1. バランス能とは

　バランス能とは，身体のバランスを保ち調整された運動を行う基礎となる感覚である。人は地球上では重力の影響を受けるため，静かに立っているときでも完全に静止することは不可能であり，動揺しながらも安定した姿勢を維持している。これを静的バランス能と呼ぶ。一方，走ったり歩いたりしても倒れることなく，姿勢を保ちながら移動する能力[39]，また，安定性が妨げられた状態（一般には左右前後に傾く状態）において身体や筋活動を予測調節して姿勢を維持する能力[31]を動的バランス能と呼ぶ。これは，神経生理学的に「姿勢の安定を保つ能力，平衡能」として定義づけられ，姿勢保持のための筋収縮調整能として，反射性，反応性，予測性の姿勢調整能力から構成されている[53]。

　これまでバランス能の評価には，主観的評価（Guralnik Test Battery，Berg Balance スケール，Tinetti バランス評価など）やパフォーマンステスト（ファンクショナルリーチ），異なる条件下（両足立ち，セミタンデム立ち，タンデム立ち，片足立ちなど）での測定（重心動揺や姿勢の維持時間など），安定性の限界値や移動能力評価（歩行テスト，アップアンドゴーテストなど）が用いられてきた。

2. バランス能の加齢変化

　バランス能は，全身持久性や筋力と同様に加齢とともに低下する。Bohannon ら[6]は，20〜79 歳の対象者に片足立ち試験によるバランス測定を行った。その結果，片足立ち時間が 30 秒未満の者の割合は，50〜59 歳で6％程度であったものが，70〜79 歳では90％と大きく増加していた。藤澤ら[13]は，アップアンドゴーテストによって加齢によるバランス能の変化を測定した。その結果，70〜74 歳で 10.2 ± 2.2 秒，75〜79 歳で11.2 ± 2.5 秒，80〜84 歳で 12.3 ± 3.3 秒と加齢に伴い有意な低下がみられた（いずれも平均 ± 標準偏差）。文部科学省の新体力テストでは，バランス能の測定に開眼片足立ちが用いられている。2015 年の体力測定結果では，60〜69 歳の男性 87.9 ± 40.1 秒〔変動係数（CV）：45.7％〕，女性 89.1 ± 39.6 秒（CV：44.4％），70〜74 歳の男性 76.7 ±

9

第1章 加齢に伴う体力や機能の低下

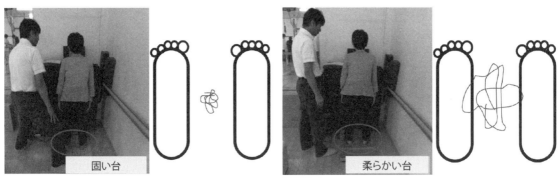

図 1-10 バランスマスターを使用した静的バランス能の評価
固い台と柔らかい台上に立ち，その際の重心の揺れをフォースプレートで測定する。

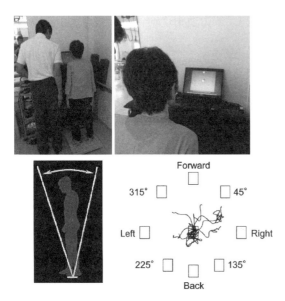

図 1-11 バランスマスターを使用した動的バランス能の評価
コンピュータモニター内に表示された左右前後斜めの 8 ヵ所の目標に重心を移動させ，その能力を評価する。

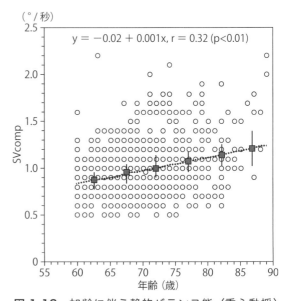

図 1-12 加齢に伴う静的バランス能（重心動揺）の変化（SVcomp：開眼と閉眼，固い台と柔らかい台の 4 条件での総合成績）（文献 57 より引用）
60 歳以上の高齢女性を対象にした。その結果，静的バランス指標として用いた重心動揺は，1 年あたり約 1％低下していた。

43.3 秒（CV：56.4％），女性 71.9 ± 44.3 秒（CV：61.6％），70〜79 歳の男性 58.4 ± 42.5 秒（CV：73.0％），女性 52.2 ± 41.5 秒（CV：80.0％）であった[34]（いずれも平均 ± 標準偏差）。いずれの年代でも変動係数が大き く，個人差が大きいことがわかる。

静的な状況で姿勢を維持し，その際の重心の移動や身体の揺れの程度によってバランス能を評価する方法がこれまで用いられることが多かった。例えば，固い台と柔らかい台上

第1章 加齢に伴う体力や機能の低下

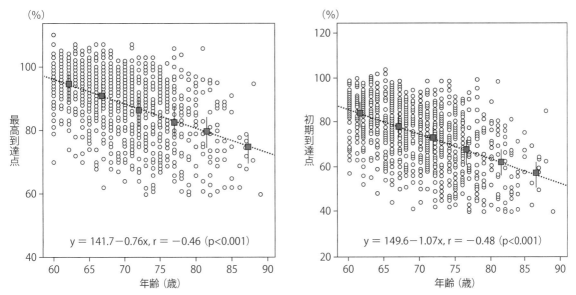

図 1-13　加齢に伴う動的バランス（安定性の限界値の変化）（文献 57 より引用）
60 歳以上の高齢女性を対象にした。その結果，動的バランス指標として用いた安定性の限界値の指標（初期到達点と最高到達点）は，1 年あたり約 1％低下していた。

に立ち，その際の重心の揺れをフォースプレートで測定し，その度合いを評価する Clinical Test of Sensory Interaction for Balance（CTSIB）と呼ばれるものがある[40]。開眼と閉眼で行い，それぞれの条件を総合的にみて静的バランスを評価するものである（図 1-10）。さらに，CTSIB ではフォースプレート上に立ち，足を踏み出したりバランスを失うことなく，立位姿勢から身体を傾斜させることができる最大の位置（limits of stability）を動的バランスの指標として用いることもできる[41, 64]。

実際の測定は，備え付けられたコンピュータのモニターを利用する。まず，対象者の重心がモニター中央に表示される。測定開始の合図が出たら，コンピュータモニター内に表示された左右前後斜めの 8 ヵ所の目標に重心を移動させ，その能力を評価する。移動距離，速度，正確性などが評価でき，年代別の基準値などとの比較が可能である（図 1-11）。

Takeshima ら[57] は，60 歳以上の高齢女性を対象に，バランスマスターを用いて年代別のバランス能を評価した。その結果，静的バランス指標として用いた重心動揺（図 1-12）と動的バランス指標として用いた安定性の限界値の指標（初期到達点と最高到達点）は，1 年あたり約 1％低下した（図 1-13）。しかし，バランス能の評価には，エアロビクス能の評価指標である最大酸素摂取量のようなゴールドスタンダードと認められた評価指標がない。Takeshima ら[57] が報告したバランスマスターによる評価のうち，動的指標としての安定性の限界値も移動距離のみであった。これらバランス能の加齢変化についてはまだ不明な点も多い。

（竹島　伸生）

IV. 柔軟性

1. 柔軟性とは

　柔軟性（flexibility）という言葉は，ラテン語の flectere または flexibilis（曲げる）に由来する。研究分野によって柔軟性の定義は異なるが，体育学，スポーツ医学，健康関連科学においては，「関節や関節集合体が有効に動く可動域（range of motion：ROM）」と定義されている[66]。柔軟性は関節，筋，皮膚，関節を構成する滑膜，関節包，靱帯，関節周囲組織など軟部組織の変形や伸張性の低下，萎縮，癒着など物理的要因で低下する。また，痛みなどによる反射性収縮や中枢神経障害による筋緊張異常など，神経的要因によっても低下する[55]。

2. 柔軟性の評価法

　柔軟性は対象者の四肢や体幹の関節を自動的または他動的に運動させたときの可動範囲を角度計（ゴニオメータ）やメジャーなどを用いて測定する[18]。これらの方法は，個々の関節の可動域を測定することができるという利点がある。

　臨床的に簡便に柔軟性を測定する方法として，長座体前屈やシットアンドリーチテスト（sit and reach test）がある[24]。長座体前屈は対象者の背中を壁に密着させ，両手を測定台に位置させた姿勢から，膝関節伸展位のままゆっくりと最大前屈し，測定台の移動距離を測ることで柔軟性を評価する方法である（図1-14）。この方法は文部科学省が実施している新体力テストをはじめ，健康科学の領域で最も広く用いられている方法である[24]。シットアンドリーチテストは，一方の膝関節を伸展させたまま，足関節底背屈0°の足部先端に向かってゆっくりと腕を伸ばし，最大前屈した際の足部先端と指尖の距離を測定する方法である[24]（図1-15）。本テスト法は，長座体前屈よりも安全で，椅子と定規があれば測定できるため，虚弱な高齢者にも推奨できる測定法である[24]。

　上肢の柔軟性を測定する方法として，バックスクラッチテスト（back scratch test）がある[24]。これは腕を上げて髪をブラシでとくといった日常生活動作（activities of daily living：ADL）の能力を評価するのに適した測定方法である。起立姿勢にて，どちらか一方の上肢を上部から背部へまわし，反対側の上肢を背部下方から上方へ向けて限界まで動かし，両第3指間の距離を測定する方法である[24]（図1-16）。

　実験的に柔軟性を測定する方法として，等

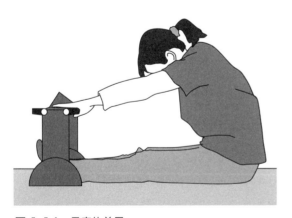

図1-14　長座体前屈
対象者の背中を壁に密着させ，両手を測定台に位置させた姿勢から，膝関節伸展位のままゆっくりと最大前屈し，測定台の移動距離を測る。

第1章 加齢に伴う体力や機能の低下

図 1-15　シットアンドリーチテスト
一方の膝関節伸展位，足関節底背屈 0°の肢位にて，膝関節伸展位のままゆっくりと最大前屈した際の足部先端と指尖の距離を測定する。

図 1-16　バックスクラッチテスト
どちらか一方の上肢を上部から背部へまわし，反対側の上肢を背部下方から上方へ向けて限界まで動かし，両第 3 指間の距離を測定する。

速性運動機器（トルクマシン）を用いる方法がある[38]。機器の回転軸と関節の回転軸とを一致させ，機器のレバーアームが回転した角度を関節可動域として測定する。この際，機器のレバーアームを一定の角速度で最大可動域まで動くよう設定することで，関節を他動的に動かした時の抵抗感を経時的に測定することができる（図 1-17）。この時に得られたデータから，最大可動域での抵抗値で，伸張刺激に対する痛み閾値を反映するとされる stretch tolerance や，筋腱複合体の粘弾性を反映するとされる stiffness（いわゆる筋の硬さ）を算出することができる[38]（図 1-18）。

長座体前屈などの柔軟性測定方法では，最大関節可動域での静的な柔軟性を測定しているが，ビデオカメラや動作解析装置を用いることで，動作中における動的な柔軟性を測定することができる。このように，柔軟性は臨床的，実験的にさまざまな手法を用いて測定されているが，目的に合った測定方法を選択することが重要である。

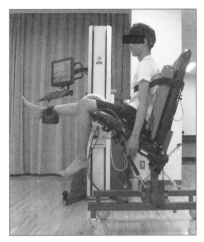

図 1-17　等速性運動機器を用いた膝関節伸展可動域測定
等速性運動機器の回転軸と対象者の右膝関節軸を一致させ，右膝関節最大伸展角度を測定している。

3．柔軟性の加齢変化

高齢者では若年者と比較して，柔軟性が低下する。Vandervoort ら[63]は，加齢により足関節背屈の可動域が低下することを，中ら[38]は体幹回旋および長座体前屈の値が低下することを報告した。また，Gajdosik ら[15]は，

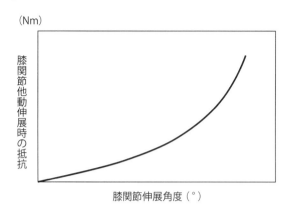

図 1-18 等速性運動機器を用いた膝関節他動伸展時に得られる角度−トルク曲線の例
この測定により得られた角度−トルク曲線より，最大関節可動域，stretch tolerance，stiffness が算出できる。

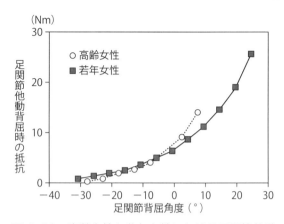

図 1-19 高齢女性と若年女性における足関節他動背屈時の角度−トルク曲線の比較（文献 15 より改変）
高齢女性は若年女性と比較して，足関節背屈可動域ならびに最大可動域での抵抗が低値を示し，さらに得られた角度−トルク曲線の傾きが急峻である。

等速性運動機器を用いて足関節背屈可動域が 5°以下の高齢女性と健常若年女性の足関節背屈の柔軟性を比較した。この研究における足関節最大可動域は，対象者が痛みまたは不快感を感じる直前の角度と規定した。その結果，高齢女性は健常若年女性と比較して，足関節背屈可動域ならびに最大可動域での抵抗が低値を示し，得られた角度−トルク曲線の傾きが急峻であった（**図 1-19**）。これらのことから，高齢者では関節可動域の低下のみならず，筋腱複合体の stiffness が増加し，伸張刺激に対する痛み閾値の低下が生じることがわかる。

加齢に伴う柔軟性低下の要因の 1 つとして，骨格筋内のコラーゲン線維の量的変化がある。Alnaqeeb ら[1]は，ラットのヒラメ筋ならびに長趾伸筋における総コラーゲン含有量が加齢とともに増加することを報告した。また，長趾伸筋については，加齢とともにより小さな伸張量でより大きな受動張力が生じたことから，加齢とともに長趾伸筋の stiffness が増加するとした[1]。Hibino ら[21]は，ラットの足関節を最大底屈位にて 1 週間固定した場合には足関節背屈可動域が低下し，3 週間固定した場合には足関節背屈可動域の低下とともに，ヒラメ筋での不溶性コラーゲン含有量の増加が生じたと報告した。これらの動物モデルを用いた研究から，加齢に伴う骨格筋内コラーゲン含有量の増加が，stiffness の増加や関節可動域の低下に関与していると考えられる。

前述の人を対象とした Gajdosik ら[15]の報告でも，高齢者では筋腱複合体の stiffness の増加および関節可動域の低下が認められていることから，人でも動物モデルと同じ要因により，加齢に伴う柔軟性の低下が生じると考えられる。また，高齢者では，対象部位の筋緊張や血流，痛みなどが柔軟性の低下に影響している可能性も考えられる。

Stebbins ら[52] は，ネコの下腿三頭筋に電気刺激により最大筋収縮の 50％および 100％の持続的負荷を与えると，発痛物質である血中ブラジキニン濃度が高まり痛みが誘発されたことを報告した。また血中ブラジキニン濃度が変化しなかった最大筋収縮の 33％の持続負荷においても，当該筋への血流を遮断することで，血中ブラジキニン濃度が高まったことを報告した。Mense ら[32] も同様に，ネコの腓腹筋に対して，電気刺激により最大筋収縮の 100％の負荷を与えると，侵害性インパルスを伝達する働きをもつ IV 群神経線維活動が盛んになり，当該筋への血流を遮断することで，その活動はさらに大きくなることを報告した。これらより，持続的な筋緊張亢進により痛みが誘発され，そこに血流障害が加わることで，さらに痛みが誘発されやすくなると考えられる。また，痛みは運動神経系のみならず交感神経系にも影響し，筋緊張亢進，血流障害から酸素不足となり，発痛物質の生成を助長しさらなる痛みを招くという，いわゆる「痛みの悪循環」を引き起こす[55]。以上のことから，筋緊張異常や血流障害，痛みによって，伸張刺激に対する痛み閾値が低下することで，対象部位により大きな伸張強度を負荷できなくなり，結果として柔軟性低下に繋がると考えられる。

高齢者においては，加齢や併存疾患などにより，筋緊張異常や血流障害を生じていることや，筋や関節に痛みが発現していることも少なくない。そのため，これらの症状の有無が，柔軟性低下に影響する可能性が考えられる。

一方，高齢者における柔軟性は，その他の体力関連項目に影響を及ぼしていることが知られている。例えば Cristopoliski ら[8] は，高齢女性の下肢筋群に対して 60 秒の静的ストレッチを 1 日 4 回，週 3 日行い，これを 4 週間継続した。その結果，股関節および足関節の関節可動域が増加するとともに，歩行時のステップ長ならびに歩行速度などの歩行能力が有意に改善した。このことから，高齢者における柔軟性が歩行能力に影響を及ぼしている可能性が考えられる。

高齢者の柔軟性は転倒にも関連がある。転倒歴の有無により高齢者の柔軟性を比較したところ，転倒歴のない高齢者よりも転倒歴のある高齢者の股関節や足関節の可動域が有意に低値を示していた。このことから，高齢者における柔軟性の低下は，転倒の危険因子の 1 つとしてあげられている[16, 33]。以上より，高齢者の健康づくりと健康寿命延伸のためには，加齢に伴う柔軟性低下に対する予防・改善を目的とした柔軟運動を習慣的に実施し，柔軟性を維持・向上させることが重要となる。

（鈴木　重行，松尾　真吾）

V. 身体活動量

1. 身体活動量とその測定方法

　身体活動（physical activity）とは，骨格筋の収縮によってエネルギー消費を伴う身体の動作と定義され，一般には単位時間あたりのエネルギー消費量が指標とされる[7,61]。身体活動量に関するPaffenbargerら[43~45]の研究では，週あたりの身体活動量が2,000 kcalを超える人と超えない人を比較した。その結果，身体活動量が週あたり2,000 kcal以上の人のほうが総死亡率，高血圧症および冠動脈疾患発生率に対する相対危険度が低かった。身体活動量はその他の疾病や転倒のリスクなどとの関連も指摘されている[61]。

　身体活動量の測定には，実験室内で行うヒューマンカロリーメーターや二重標識水法などの設備が必要なものから，歩数計やアンケートなどによるものまで種々開発されている。また，運動中のエネルギー消費量は，酸素摂取量をガス分析機で測定し，酸素1Lを約5 kcalに換算して求めたり，心拍数と酸素摂取量の関係から推定することもある。その他，熱量を評価するセンサーを身体に装着して測定することもある。しかし，いずれの方法にも正確性，簡便性，費用，測定時間などに一長一短がある。

　エネルギー消費量の正確な測定は専門的技術や機器を要するために一般的でなく，身体活動量の評価方法の1つとして歩数計による日常生活時における1日あたりの歩数が測定されている[70]。しかし，歩数計のみでは動きの強さ（速さ）や質が評価できないことから，歩数計に加速度計を組み込んだ活動量計が普及してきている（図1-20）。活動量計による身体活動量の評価法は，精度が良好であったとの研究もある[19,27]。

　身体活動量は「強度×持続時間」によって決まる。近年，強度の評価に安静状態に対する相対的強度（metabolic equivalents：METs）が利用されることが多い。1 METに相当する酸素消費量はおおよそ3.5 mL/kg/分であり，これに体重と活動時間を掛け合わせることで運動中の酸素摂取量を求めることができる。酸素1Lが5 kcalと換算できるので，1 METの活動を1時間行うと，3.5 mL/kg/分（1 MET）× 60分 × 5 kcal/1 L = 1.05 kcal/kgとなる。

　わが国では，この単位による利便性を考えて，活動強度（1 METの強度を1 kcal/kg/時とする）に持続時間を掛け合わせ，「メッツ・時」という単位で身体活動量を表わしている[28]。体重60 kgの人が4メッツ・時の身

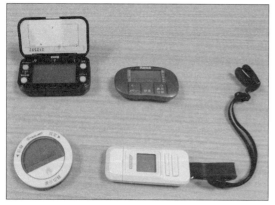

図1-20　歩数計に加速度計を組み込んだ活動量計
歩数計のみでは動きの強さ（速さ）や質が評価できないため，歩数計に加速度計を組み込んだ活動量計が活用されている。

体活動を行ったとすると，エネルギー消費量は 4 メッツ・時 × 60 kg ＝ 240 kcal となる。

2. 高齢者の身体活動量と加齢変化

　一般に生理的老化現象による身体の予備力の減少や，生活習慣の変化などにより，加齢とともに身体活動量や歩数などが減少する[27]（図 1-21）。また現代では，交通機関が発達し，仕事や家事の自動化も進むなど，生活様式も身体活動量を減少させる方向へ進んでいる。厚生労働省が示した平成 27 年度国民健康栄養調査結果では，年代別の 1 日あたりの平均歩数は図 1-22 のようであった[28]。若い世代の平均歩数 7,000～9,000 歩に対し，70 歳以上の男性は 5,518 歩，女性は 4,267 歩である。女性は増加傾向にあるが，男性はいずれの調査でも減少傾向にある。現役を退いた高齢者は，社会的なかかわりが少なくなり，家に引きこもりやすく，結果として歩数が減少する傾向にある。

　長期に高齢者の身体活動量を追跡評価した研究は少ない。吉中ら[69]によれば，体格や体力，身体活動量には加齢変化が認められ，女性の歩数は 10 歳年齢が進むごとに約 2,000 歩減少していた。さらに身体活動レベル（総消費エネルギー量/基礎代謝量）の高い者ほど下肢筋パワーや持久性が優れており，身体活動レベルと歩数との間には高い相関関係が認められたとしている。また，綾部[5]は，高

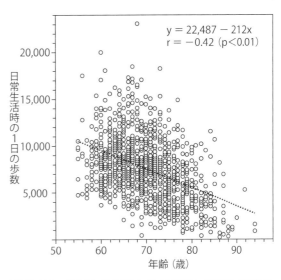

図 1-21　地域在住高齢女性の年齢と日常生活時の歩数の関係（文献 27 より引用）
加齢とともに日常生活における 1 日の歩数は少なくなっていく。

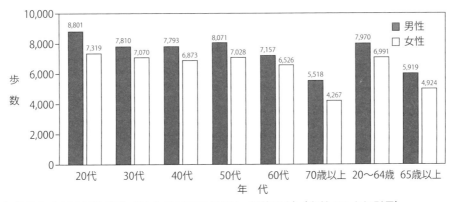

図 1-22　年代別の 1 日の平均歩数（平成 27 年国民健康・栄養調査）（文献 28 より引用）
男女とも 70 歳を超えると急激に 1 日の歩数が少なくなっている。

齢者（73～80歳）を対象に身体活動量，体力，健康状態を10年間にわたって調査した。その結果，特に70代後半より1日の中等度強度の運動総時間の減少が著しかった。中等度強度の運動総時間は，脚伸展筋力やパワーなどとも有意な相関があった。このことから，高齢者の身体活動量の減少が，下肢筋力やパワーの低下などと関係していると結論づけた。高齢者の活動量は加齢に伴って低下しており，これらが体力の低下，とりわけ高齢者特有のサルコペニアに関連している可能性が示唆されている[69]。

　身体活動量は加齢だけでなく，さまざまな影響を受けるため単純でない。例えば，これまでは豪雪地帯の農村部の高齢者では，積雪期にも除雪作業により歩数が確保されていた[17]。しかし，近年の住宅では電熱線などによって屋根の雪を融かす構造になっていたり，ロードヒーティングによって除雪作業がほとんど不要となったり，除雪機を利用する家庭も多くなってきている。このような技術の普及も身体活動量を低下させる要因となる。このように，居住環境によっても身体活動量は影響を受ける。都市機能や住環境，とりわけ商業地域（食料品や日用品などの店舗）までの距離や交通手段の違いが，身体活動量に大きな影響を与える。柳原ら[67]は，高齢者の主な外出目的である買い物行動における交通手段が身体活動量に与える影響を調査した。70歳以上の7名の女性を対象に，1日に1度も外出しない場合に比べ，車で外出した場合は約1,000歩，公共交通機関を利用した場合は約4,000歩，徒歩で買い物に行った場合は約

5,000歩増加した。また，杉山ら[54]は，自動車利用を想定した郊外の大型ショッピングセンターの影響で，近隣の商業機能が低下し徒歩で外出する機会が少なくなっているが，公園や緑地，緑道が整備されたニュータウン地域と，近隣に商店街，スーパー，専門店，銭湯などの生活関連施設が点在している商業地域に住む高齢者の活動量を比較したところ，有意差が認められなかったと報告している。

　地方都市在住の65歳以上の高齢者では，健康日本21（第二次）の2022年度までの目標歩数（男性7,000歩，女性6,000歩）を満たすことと郵便局・銀行の数に，また「健康づくりのための身体活動基準2013」に示されている中等度以上の活動量の目標値（週に23メッツ・時）を満たしていることとスーパーマーケット・コンビニエンスストアの数に有意な正の相関があった[68]。しかし，歩数や中等度以上の活動強度時間と公園やスポーツ施設の数には有意な関連性はなかった。このように，運動施設の数より，郵便局，銀行，スーパーマーケット，コンビニエンスストアの数が身体活動量に影響を与える。そのため，過疎化が進む地域ではどうしても身体活動量が低下する可能性がある。

　こうした加齢以外の要因も複雑に関係するために，高齢者の身体活動量のレベルを議論するのは簡単でない。しかし，身体活動量の低下は，健康度や自立度にかかわるため，いかに高いレベルに維持できるかが大きな課題である。

（侘美　靖）

VI. 心理・社会的機能

　内閣府が2003年度に20代〜60代の各世代を対象に実施した「年齢・加齢に対する考え方に関する意識調査」では，高齢者のイメージとして肯定的なものとして，①経験や知恵が豊かである，②時間にしばられず好きなことに取り組める，③健康的な生活習慣を実践している，の3つが上位を占める。一方，否定的なものとして，①心身が衰え，健康面での不安が大きい，②経済的な不安が大きい，③古い考え方に捉われがちである，④まわりの人と触れ合いが少なく，孤独である，が上位を占める。これらの結果は高齢者に対する社会的なイメージの1つとみなすことができる。

1．高齢者の心理的機能

　上記の調査では，高齢者の否定的なイメージとして，「心身が衰え，健康面での不安が大きい」が1位であった。そこで本項では，「高齢者の不安」について，代表的な2人の心理学者による高齢者理解を紹介する。ハヴィガースト[26]は，発達課題とは，「人生のそれぞれの時期に生ずる課題で，それを達成すればその人は幸福になり，次の発達段階の課題の達成も容易になるが，失敗した場合はその人は不幸になり，社会から承認されず，次の発達段階の課題を成し遂げるのも困難となる課題である」ことを唱えている。老年期は，①肉体的な強さと健康の衰退に適応すること，②引退と減少した収入に適応すること，③配偶者の死に適応すること，④自分と同年輩の老人たちと明るい親密な関係を確立すること，

⑤肉体的生活を満足に送れるよう準備態勢を確立すること，⑥満足のいく住宅の確保，の6つをあげている。

　一方，エリクソンは，高齢期を「統合対絶望」と呼び，この危機を達成して課題を克服した者には「英知」という徳が現れるものの，その危機を乗り越えられない際には神経症的なパーソナリティに陥り，「精神的に健康な老い」を迎えることができないことを主張した[49]。

　長寿化の結果，「後期高齢者」という言葉も使われはじめた現代社会において，身体や能力の衰えを日々感じつつ，その先がみえない不安を抱えながら生活しているものも少なくない。精神的な不安から，不眠，抑うつなどの身体的な不調や，心身の衰え，退職，家族との死別，病気などのストレスによりうつ病を発症するケースも少なくない[22]。私たちは加齢に伴う不安や死に向かうという身体的，精神的能力の喪失にどのように適応していくべきなのか，考え続けなければならない問いの1つであろう。

2．高齢者の社会的機能

　高齢者の身体的，心理的機能の衰えは，社会的機能の低下をもたらす。前述の内閣府の調査結果にみられた「経済的な不安」，「まわりの人との触れ合い」，「孤独」など上位にあげられていた項目は，高齢者の社会的機能と大きな関連がある。

　わが国の高齢化率は27.3％（2016年）であるが，「国勢調査」によると，65歳以上の

第 1 章　加齢に伴う体力や機能の低下

表 1-2　65 歳以上の 1 人暮らしの人が介護や世話を頼りたい人（%）（文献 37 より引用）

	男性		女性	
	子あり	子なし	子あり	子なし
子（息子・娘）	41.0%	—	58.2%	—
兄弟姉妹・親戚	5.4%	18.1%	9.3%	35.4%
友人	10.6%	9.6%	7.3%	13.3%
ヘルパーなどの介護サービスの人	6.7%	—	9.5%	0.5%
子の配偶者（婿・嫁）	3.5%	6.8%	4.4%	10.3%
近所の人	1.6%	3.4%	2.1%	4.1%
親	—	—	—	—
その他の人	2.9%	5.6%	1.5%	4.1%
頼りたいとは思わない	13.1%	22.6%	9.3%	16.4%
あてはまる人がいない	21.5%	35.0%	11.7%	21.5%

　高齢者の 1 人暮らしの増加が顕著である。高齢者人口に占める 1 人暮らし高齢者の割合は，1980 年度には男性 4.3%，女性 11.2% であったが，2015 年度では男性 13.3%，女性 21.1% となった。かつては「向こう三軒両隣」や町内会の組織率の高さなどから地域的なつながりはきわめて強固であった。しかし，高齢者は「退職」という 1 つの人生の区切りを迎え「社縁」という会社とのつながりが希薄化する。また近所づきあいの頻度が低下していたり，「頼りたい人」を尋ねる質問に対して「子」のいない男性高齢者の 35.0% は「あてはまる人がいない」と回答している（表 1-2）。「孤独死」や「無縁社会」という言葉が一般的なものとなっており，これらの問題が切実なものとなり不安を抱えている高齢者も少なくない [36]。

　わが国では，高齢者の社会参加や社会関係に焦点をあてた研究は，社会科学の研究者によってなされてきた。例えば，無配偶者は有配偶者より友人との接触頻度が高く，無配偶者や子どもが遠くに住む人ほど友人や近隣が

情緒的サポート源となっていた。また，高齢期以前から兄弟などの親族が子どもや配偶者に近い機能を果たすようになることや，子どものいない高齢者は兄弟とのつながりが強いことが明らかにされてきた [23]。

　都市部では，ライフスタイルの変化に対応して，人々の関係形成にも変化がみられ，「自己を拘束する関係に変えて自らを選択しうる関係を求めるようになってきた」とされている [36]。このような階層的に同質な属性をもつ人々のネットワークがあることをさまざまな研究者が明らかにしている [3, 62]。特に女性と比較して一般的に社会参加が少ないとされる男性高齢者の場合，趣味により社会関係が発生し，関係の継続の契機としての機能を強くもっていることが示されている [23]。

　離島の高齢者では，「出面（でめん）」と呼ばれる漁師と住民との直接的な契約がみられる。「出面」とは，昆布干しやウニむきなど 1 回当たり「数千円程度」のアルバイトのような労働である。漁の終了後には，朝食，飲み物，お菓子などが振る舞われ，高齢者をはじ

第1章　加齢に伴う体力や機能の低下

めとする多世代の「交流の場（＝井戸端会議）」として機能している[59]。このように強固な地縁組織が存在している地域もあることに目を向けなければならない。

　以上のように高齢者の体力的な減退老化現象と「精神的機能」，「社会的機能」の2つの要素もそれぞれ密接に関連している。そのため身体的要素のみを抽出するのではなく，精神的，社会的な要素から高齢者を多面的に捉えることが重要となってくる。多くの場合，平均値を中心とした都市高齢者に目を向けがちである。しかし，高齢者を仔細にみると，生活スタイルが大きく異なる地域差，夏場と冬場の季節差など「地域や季節によって異なる暮らし」の違いを多面的，かつ重層的に理解する必要がある。

（侘美　俊輔）

第2章

高齢者も鍛えれば変わる
− 運動の生理的効果 −

I. 安全で効果的な運動とは − 運動指導上の注意 −

生理的な加齢は人々に一様に起こらないので，暦年齢が近くても運動に対する反応は異なる。また，身体機能の低下が加齢によるものか体力低下や疾患によるものかを識別することも難しい。安全に運動テストを行い，確かな運動処方のためにも，安静時や運動中の生理機能に対する加齢の影響を理解することが重要である。さらに，運動は施設や病院などで行う監視型運動から，家庭や地域で行う非監視型の運動までさまざまな方法がある。そのため，運動を指導する場合は，運動をする場所や環境を考慮し，安全性と有効性を確実にする運動メニューを示す必要がある。

1. 個人の身体特性・体力・運動能力評価の重要性

運動を実施する高齢者個々の体力特性や運動に対する安全の限界を知るためにも，運動

開始前にメディカルチェックや体力測定を実施し，運動プログラム作成者や運動指導者が個人の特徴を把握しておく必要がある。特にメタボリックシンドロームやその予備群の者は，健康な人と比べて身体活動・運動実施時にけがをしたり内科的イベントに遭遇するリスクが高い。安全で効果的な指導をするうえで，①既往歴，②服薬の状況，③定期健診の結果，を把握することが重要である。

2. 有疾患者・メタボリックシンドローム予備群への指導上の留意点

脳卒中，虚血性心疾患などの循環器疾患の既往のある人は，運動により再発する可能性がある。また，慢性腎炎などの腎臓病の人は運動によって症状が増悪する可能性がある。したがって，これらの疾患の既往は確実に把握する必要がある。

第2章 高齢者も鍛えれば変わる − 運動の生理的効果 −

図 2-1 身体活動のリスクに関するスクリーニングシート（左）と運動開始前のセルフチェックリスト（右）
（文献 14 より引用）
このような事前のチェックにより，けがや事故の発生を予防できる。

血液検査や血圧測定の結果は，服薬により正常域あるいは境界域にコントロールされている場合が多い。そのため，疾患別（高血圧症，糖尿病，脂質代謝異常症など）に服薬の有無について把握しておく必要がある。

3. リスクスクリーニングとセルフチェック

安全に運動を行うためには，リスクを事前にチェックすることが必要である。厚生労働省では「健康づくりのための身体活動基準2013」[14]で，安全に運動を実施するために「身体活動のリスクに関するスクリーニングシート」および「運動開始前のセルフチェックリスト」（**図 2-1**）を用意している。メディカルチェックなどが完全に行われていない場合は，このような事前のチェックにより，けがや事故の発生を予防できる可能性が高いので，活用するとよい。

4. 高齢者に対する運動指導上の配慮と留意事項

高齢者に対する運動プログラムの効果を最大限にするためには，さまざまな工夫が必要である。高齢者の体力やコンディションは，年齢が進むに従って個人差が大きくなる。そのため運動や身体活動は，個人の対応能力や好みなどを個別に考慮しなければならない。

第 2 章　高齢者も鍛えれば変わる − 運動の生理的効果 −

表 2-1　運動の中止，取りやめの指導例

指導例：「こんな時には途中で中止」	指導例：「こんな時には今日は休養」
胸の苦しさと痛み	心臓がドキドキ
頭痛，めまい，吐き気	全身がだるい
筋肉痛，関節の激しい痛み	吐き気や下痢
運動中の激しい疲労感	足元のふらつきやめまい
足がもつれる	足のむくみ
唇が紫色＊	37℃以上（平熱以上）の熱がある
冷や汗＊	安静心拍数が 90 拍/分以上，あるいは通常より低い
状況に見合うような発汗がない＊	風邪の症状（風邪とは限らない）

＊は周囲の人が気づいてあげられる状況。

また，運動が制限されるような慢性病を有している高齢者に対しては，運動強度と継続時間はできるだけ軽いレベルからはじめる。筋力は年齢とともに漸減するが，高齢になると急激に減少する。そのため筋力トレーニングは生涯にわたって実施する必要があるが，ウエイトトレーニング用マシンを使用する場合には，高齢者の特性などを熟知している指導者や専門家の監督や監視のもとに実施すべきである。

また，加齢に伴う体力や機能の低下が大きい高齢者では，動かない生活を好む人が少なくない。このような人に対しては，少しでも動くことをすすめ，不活動を避けるような生活を行わせることが大切であろう。

1）運動中止の判断基準を事前に指導する

運動開始後，少し体調が悪いと自覚していながらも，家族や友人と活動している場合，無理をして続けようとすることがある。そのため指導者は，「運動の中止」や「運動をやらない」とすべき状況（**表 2-1**）を，運動実施前にパンフレット資料などを利用して伝える。そうすることで，自分自身や一緒に運動をし

表 2-2　運動参加のための事前注意

①運動直前の食事は避ける。
②水分補給を十分に行う（運動開始 30 分ぐらい前にコップ 1〜2 杯程度の水を飲む）
③睡眠不足，体調不良のときには無理をしない。
④身体に何らかの変調がある場合には，指導者に伝える（感冒，胸痛，頭痛，めまい，下痢など）。

ている仲間の様子を客観的に判断できるようになる。

2）運動参加への事前注意

参加の事前注意として**表 2-2**の項目を参加者に周知させる [13]。

3）より安全な運動指導のために

高齢者を対象に運動指導を行う場合に，以下の点も留意することがより安全な運動指導につながる。

（1）参加者の視線，集中力，笑顔，耳の聞こえ，指示に対する動作の反応など

指導内容や注意事項について，見やすい文字やイラストなどを使った印刷物などを配布

第 2 章　高齢者も鍛えれば変わる – 運動の生理的効果 –

表 2-3　運動実施前に環境に配慮すべき項目

室内運動	屋外運動
床面（硬さ，滑りやすさ） 温度 湿度 照明 空調 音響設備 使用する椅子の状態（高さ，安定性）	衣服（防寒，防水，防湿，通気性，吸湿，速乾性） 路面（傾斜，傾き，凹凸，排水，除排雪，融雪剤，滑り防止用砂） 冬道に応じた歩き方指導（圧雪，氷板，深雪，氷上の新雪，ブラックアイスバーンなど） 靴の選択 靴の履き方指導

表 2-4　高齢者がアウトドアスポーツに参加する際に注意すべき機能低下

低下する機能	注意すべき点
皮膚膜の薄化，免疫機能低下，体温調節機能の低下など	体調を崩しやすくなる
視力の低下，筋力の低下，骨強度の低下など	転びやすくなる けがをしやすくなる
肺活量の低下，最高心拍数の低下，血管の硬化など	バテやすくなる

し，口頭でも説明を行う。

（2）運動・身体活動にふさわしい服装や転倒・けがの予防のための靴の選択

　筋力が衰えた高齢者の場合，運動や身体活動による膝や腰への物理的負担が大きい。したがって，膝痛や腰痛などを予防するために，緩衝機能の優れた運動に適した靴を履くことが推奨される。靴の選び方や履き方指導を行うことが望ましい。

（3）無理をしない"マイペース"の徹底

　ここでいう"マイペース"とは，自分勝手や思いつきのような自己流ではなく，医学やス

ポーツ科学の理論に基づいて，自らの体力や身体の特徴（持病を含む）や過去の運動経験，興味関心に配慮しながら時間に余裕をもって行うことをさす。若い時期に積極的に運動をした経験があり，しばらく運動から遠ざかって中高年になってから再開した場合，自分の体力を過大評価してしまう傾向がある。「昔取った杵柄」という言葉が示すように，無意識のうちに若い頃と同じような身体の使い方をして，身体に無理をかけてしまう。高齢者になると，特にバランス能力が低下しているため，転倒（登山は転落，滑落など）の危険性が高まる [29]。

（4）運動・身体活動の正しいフォームの指導

　運動・身体活動は正しい方法やフォームで実践しないと，思わぬけがや事故を引き起こす場合がある。指導者は，基本的なフォームを見せ，留意点を体験させる実技指導をする。

（5）活動環境・自然環境への配慮

　安全に運動を行うために，運動を実施する環境を事前に確認し，危険性の予告や適切な回避行動を指示することが重要である [31]。運動をする際に配慮すべき項目を表 2-3 にまとめた。

（6）高齢者のアウトドアスポーツ時の注意点

　高齢者が登山，ハイキングなどのアウトドアスポーツに参加する場合，加齢による機能低下があるため（表 2-4）[8]，登山事故のリスクが高くなる。指導者は十分注意する必要がある。

第 2 章 高齢者も鍛えれば変わる – 運動の生理的効果 –

(7) 個人の条件

心疾患のある人，体力の劣る人，薬物服用者，肥満者，下痢・発熱・疲労のある人は温熱ストレスへの耐性が低い。個々の身体的特徴を把握し，対象者に応じた熱中症対策が必要である。

(8) 至適な服装の選択

動きやすさを考えた軽装，吸湿性・通気性のよい素材の衣類や帽子の着用がすすめられる。特にメタボリックシンドロームの人や肥満者は，体温調節機能が低下しているため，服装には十分に注意する。

(9) 運動中の体調

体調が悪くなったらただちに運動を中止する。登山やハイキングなどでは，「トイレに行きたくないから水分補給はしない」という人がいる。また，近年，ウエアの機能がよくなり，発汗量が自覚できなくなる場合もあり，気がついたときには脱水症状になっている危険性もある。そのため，計画的にこまめに水分を補給する必要がある[8]。また，熱中症対策も必要で，夏期の運動実施では外気温などの環境条件の把握とそれに応じた水分補給の指示などの対応が大切である。

(侘美 靖)

II. 定期的なトレーニングの効果

これまでの研究で，高齢者でも定期的なトレーニングを行うことにより，さまざまな効果が得られることが明らかにされてきた。

1. エアロビクストレーニング

Pollock ら[21] は，平均年齢 50.5 ± 8.5 歳のランナー 21 名を対象に，高強度トレーニング，中強度トレーニング，低強度トレーニングの 3 群に分け 20 年間の追跡調査を行い，$\dot{V}O_2max$ の低下率を検証した。その結果，競技生活を続けた 9 名では $\dot{V}O_2max$ に顕著な低下がみられなかったが，低強度トレーニング群では明らかに低下した。高強度トレーニング群では，20 年間で最高心拍数が約 13拍/分減少，体脂肪率が約 4.9%増加，体重が−0.05 kg の減少であり，高齢でも高強度ト

レーニングを継続しているランナーは全身持久性が維持されていた。また，Seals ら[23]は，マスターズ競技者 9 名（64 ± 2 歳）の$\dot{V}O_2max$（50.4 ± 1.7 mL/kg/分）は，同年齢の一般高齢者（29.6 ± 1.4 mL/kg/分）に比べて著しく高かったことを報告した。

図 2-2 に長期間にわたって運動習慣を有する 60 歳以上の男性高齢ランナー，ウォーカーと一般人の $\dot{V}O_2max$，$\dot{V}O_2LT$ を示した[24]。$\dot{V}O_2max$，$\dot{V}O_2LT$ ともにランナーが最も高く，次いでウォーカー，一般人の順であり，3 群間に有意差を認めた。以上より，高齢者においても運動を継続している人ほど，かつ強度の高い運動を行っている人ほど高い全身持久力を有する。ちなみに 70 歳のランナーの$\dot{V}O_2max$ 平均値は，運動習慣を有さない 40

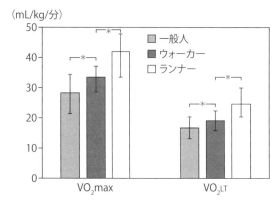

図 2-2 高齢ランナー，ウォーカーと一般人の $\dot{V}O_2max$，$\dot{V}O_2LT$ の比較（文献 24 より引用）
$\dot{V}O_2max$，$\dot{V}O_2LT$ ともにランナーが最も高く，次いでウォーカー，一般人の順で，3 群間に有意差を認めた。*$p<0.05$。

代の平均値に相当した。このように，長期に運動を行っている高齢者の体力レベルは，一般人や運動習慣のない高齢者と大きく異なるようである。

では，運動習慣のなかった高齢者が，運動を行った場合，どの程度の改善が期待できるのだろうか。高齢者を対象にエアロビクストレーニング（持久性トレーニングまたは有酸素性運動）の効果を検証した研究では，$\dot{V}O_2max$ が改善したとの結果が多くみられる。期間や運動内容は研究により異なるが，運動開始初期から 10〜30％ の増加がみられる。Brechue ら[2]は先行研究をまとめ，エアロビクストレーニングにより初期の $\dot{V}O_2max$ から 10〜40％ の増加がみられたと報告した。この変化は，運動開始時の体力レベルや採用する運動量などに影響されるが，高齢者でも若年者と同じ程度の改善率が得られるようである。過去に特別な運動習慣がない高齢男女（平均年齢 68 歳）を対象に，乳酸性閾値レベルでの 60 分間（自転車運動 30 分，レクリエーション 10〜20 分，準備運動と整理運動 10〜20 分程度）の運動を 12 週間実施した研究がある。その結果，$\dot{V}O_2max$（10％増加），$\dot{V}O_2LT$（18％増加）ともに有意な変化を示し，全身持久性体力の改善が認められた[27]。以上より，規則的な運動の実践により，顕著な全身持久性への効果が期待できるといえる。

$\dot{V}O_2max$ の増加に関連する呼吸機能としては，呼吸筋力，酸素摂取率，肺胞換気量，運動中の換気量や呼吸数の低下（化学受容体の低下）などが考えられている。これまで，高齢者がエアロビクストレーニングを行うことで，最大肺拡散容量の増加[18]や最大換気量の増大[27]が報告されている。循環機能においては，安静時の血圧低下（内臓血流の低下に伴う血管抵抗の低下），安静時心拍数の低下および一回拍出量の増加，運動時心拍数増加反応の低下，最大運動時の一回拍出量および心拍出量の増加，動脈脈波速度の低下，ダブルプロダクト（心拍数 × 血圧）の低下（心筋酸素摂取量の低下）など，心機能に関連する効果と，末梢循環に対する効果（筋内の毛細血管数の増加，酸素運搬能の増加，同一強度における乳酸生成の低下，ミオグロビンの増加など）が考えられる。末梢循環の改善は，動静脈酸素較差によって示されるが，こうした変化は酸素運搬能の向上と活動筋における酸素取り込み量の増加によるものと考えられる。

骨格筋の毛細血管数と酸化酵素活性値を比較した Coggan ら[4]の研究では，高齢ランナーの毛細血管数は競技成績の優れた若年ランナーと同じであり，酸化酵素活性が高いと報告されている。一方，乳酸脱水素酵素は高齢

ランナーと競技成績の優れた若年ランナーで低値を示した。加齢により筋量の減少（筋萎縮）が進行することは避けられないが，定期的にトレーニングを行っている高齢競技者では，筋量あたりの代謝活性が競技レベルの高い若年者とほぼ同じ水準にある点は興味深い。このように，高齢者の体力，生理機能も若年者同様の運動による効果，変化が期待できる可能がある。

2. レジスタンス（筋力）トレーニング

これまで高齢者は若年者に比べてトレーナビリティが低いと考えられてきた。また，過去には高齢者におけるレジスタンストレーニングの効果は，運動単位の動員（リクルートメント）の改善によるところが大きいとされていた[16]。換言すれば，高齢者がレジスタンストレーニングを行った場合，神経機能のみが改善し，筋自体への変化は期待できず，若年者と異なる生理的応答が認められるとされていた。しかし最近の研究では，高齢者においても定期的な運動やレジスタンストレーニングによって，筋力，筋肥大（筋横断面積が10〜20％増大），筋量の有意な増加が認められること，高齢者の筋線維量は水泳やジョギングを行っている者より多い[12]こと，筋線維の太さ（タイプI，IIとも）に有意な増加が認められること[6]，性差が認められるが，年齢の影響は認められないこと[15]などが報告されており，若年者と同様の効果が期待できるとされている。

また中高年者がレジスタンス運動を実施することによって，エアロビクス運動と同様に，糖代謝およびインスリン抵抗性が改善する。

レジスタンス運動によって筋量が増加すると骨格筋による糖の取り込みが増加する。また，有酸素性運動は骨格筋のインスリン感受性を大きく改善させることから，いずれの運動も血糖調節に有効である。

超高齢社会になり，人生の最後まで自立して動き，元気で生き抜くことが大きな課題となっている。そのための手段の1つとして後期高齢者においても運動の実践が重要であり，その効果も認められてきている。特に自立（機能的自立）維持という点では，レジスタンス運動が注目され，国内外でそのエビデンスが示されてきた。過去の47編（総対象者数1,079人）のトレーニング研究をまとめたPetersonら[20]のメタアナリス研究では，高齢者に対してレッグプレス，チェストプレス，ニーエクステンション，ラットプルの4種目を実施したところ，運動開始前の筋力レベルの2〜3割程度の増加が期待できるとされた。

Kalapotharakosら[10]は，80歳以上の高齢者を対象に8週間のレジスタンストレーニングの効果と，その後の6週間の脱トレーニングの影響を検証した。その結果，トレーニングによって筋力が25〜55％，機能的パフォーマンスが15〜25％改善したが，6週間の脱トレーニングによってトレーニング終了時点の筋力の60〜87％，機能的パフォーマンスの36〜70％へと大きく減退した。つまり，短期的なトレーニングによって筋力やパフォーマンスが改善されたとしても，中止するとすぐに退行してしまうということであり，いかに継続して運動を行うかがポイントとなる。

(竹島　伸生)

III. スーパー高齢者の身体能力と身体活動量

1. 三浦雄一郎氏の場合

プロスキーヤーであり，登山家として著名な三浦雄一郎氏は，70歳時，75歳時，80歳時と，3回にわたり世界最高峰のエベレスト（8,848 m）に登頂し，最高齢登頂記録を塗り替えてきた。鹿屋体育大学では，これまで10年間にわたり三浦氏の呼吸循環機能，筋機能および体力測定を実施してきた。これまでの10年間の体力の経年変化やトレーニング内容の詳細は山本ら[32〜34]により紹介されている。三浦氏は70歳時から80歳時まで，体脂肪率は30％前後，BMIも30前後と，ほぼ同じレベルを維持している。脚筋力の低下もみられず，40代なみの値を維持しており，80歳時には日々のトレーニングにより，過去最高の背筋力（148 kg）を示した。一方，腹筋力（30秒間での上体起こし回数）は，スキー中の骨盤骨折事故（76歳時）により，一時期は1回もできなくなっていたが，80歳時には骨折する前と同じ9回（65歳相当の能力）ができるまでに回復した。このように，筋力や筋パワーの維持が80歳での登頂を成功させた要因とみられる。

われわれは，三浦氏が鹿屋体育大学に80歳時に再訪された際に，バランスマスターを用いた静的，動的バランスを測定し，その特徴を検証した[25]。その結果，静的バランス指標のうち最もテストが難しい柔らかい台上での重心動揺が1.8°/秒であった。この結果は，20〜30歳の平均値に相当し，きわめて高いバランス能を有していることが明らかとなった（図2-3）。

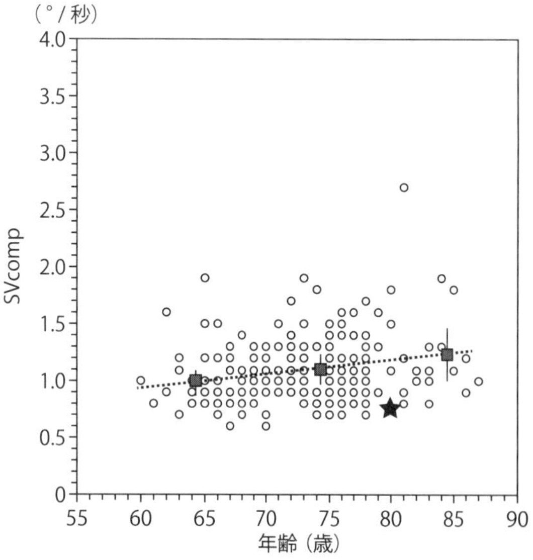

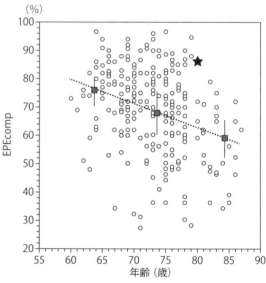

図2-3 高齢男性の静的バランス（SVcomp：開眼と閉眼，固い台と柔らかい台の4条件での総合成績）
★：三浦雄一郎氏。固い台開眼；0.2, 固い台閉眼；0.8, 柔らかい台開眼；0.6, 柔らかい台閉眼；1.8, SVcomp；0.8 °/秒。

図2-4 高齢男性の動的バランス（初期到達点：EPEcomp）
★：三浦雄一郎氏。動的バランスである初期到達点（EPEcomp）も86％と高い能力を有していた。

第2章 高齢者も鍛えれば変わる－運動の生理的効果－

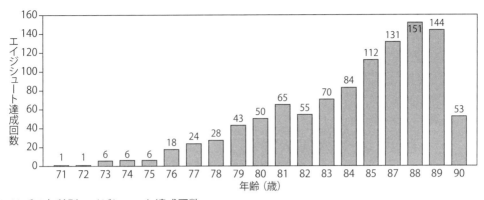

図 2-5 U氏の年齢別エイジシュート達成回数
71歳ではじめてエイジシュートを達成（スコア71，アウト36，イン35）し，90歳時に1,000回を達成，現在1,400回を超えて更新し続けている．

　また，動的バランス能の指標である安定性の限界値のうち初期到達点（EPEcomp）も86％と高い能力を有していた（図2-4）．これらの結果から，三浦氏の静的・動的バランス能は，いずれも年齢以上に高く，このことにより，高所登山の際に，雪，氷，岩など不整地の急な斜面を登下降することが強いられる状況でも身体の操作が可能となっているものと推察される．

　バランス能は，視覚情報の有無，前庭機能，体性感覚機能，筋力，脳などの複数の要因から影響を受け，統合されたものである．一般的に高齢者では，視覚情報を遮断するとただちにバランス能が低下するが，三浦氏はその条件下でも高い能力を保持していた．これが日々のトレーニングの効果によるものかどうかは検証されていないが，現在では，高齢者でもバランス運動を定期的に実施することで，バランス能が有意に改善することが認められている[9,17]．一方高齢者では，レジスタンス運動のみではバランス能に大きな変化が生じにくいことが報告されている[28]．高齢者に座位でのレジスタンス運動と立位でのバランス運動とレジスタンス運動の複合運動を行わせた研究では，後者において静的バランス能の改善が明らかであった[28]．高齢者もトレーニングによって効果が得られるが，三浦氏は長い間，また現在でもさまざまな条件下での雪面上を滑ることなどから，恐らく体性感覚が鋭く鍛えられ，さらに高齢になっても筋力トレーニングなどを積み重ねたことによって高い能力が維持されているのであろう．

2．U氏の場合

　U氏は1995年に71歳ではじめてエイジシュートを達成（スコア71，アウト36，イン35）し，以降エイジシュートを毎年積み重ね，2013年に1,000回を達成，現在1,400回を超えて更新し続けている（図2-5）．われわれは，2013年（90歳時）までのU氏のゴルフの成績とともに加速度計を用いて日常の身体活動量（1日あたりの身体活動量，特に朝起きてから寝るまでの歩数と中等度強度が占める総時間）についてまとめた[26]．この

第2章 高齢者も鍛えれば変わる − 運動の生理的効果 −

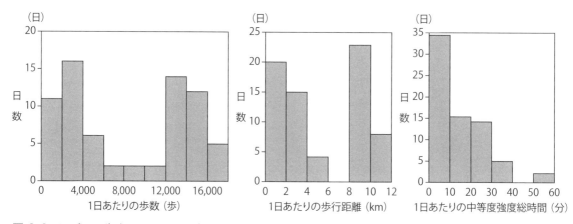

図 2-6 U氏 80 歳時の 3 ヵ月間の身体活動量の測定結果
各指標は，プレーする日としない日で大きく異なる．中等度強度とは 3〜6 METs を指す．

20 年間の平均ストロークは 81 ± 4 であり，ホールインワンも 5 回達成している．加速度計つき歩数計を 2011 年に 820 回のエイジシュートを達成した日から装着しはじめ，記録日誌から 1 日あたりの歩数，歩行距離，中等度強度の総時間を分析し，身体活動量のレベルを検証した．夫婦とも週に 2〜3 日の頻度でプレーしているが，上記の指標は，いずれもプレーの有無で大きく異なった（**図 2-6**）．88 歳の時点では，ゴルフ実施日の歩数が 1日 13,000 歩，歩行距離 8.8 km，3 METs 以上の運動強度の総運動時間が 22 分であった．ゴルフをしない日はいずれの指標も低値であるが，1 日おきにゴルフをしているため，高齢ウォーカーの 1 週間の歩行量（30 km）と同程度であった．また，90 歳の時点では 88 歳時より活動量が増加していた．現在でも高い頻度でプレーを続けているため，身体活動量はきわめて高い．

ゴルフプレー中の運動強度は，カート使用時が 2〜3 METs，キャリーや手押しカートなどを使用して歩いた場合で 4〜7 METs とされている[22]．これまでにゴルフプレー中のエネルギー消費量および運動強度について，平坦なコースと山岳コースで比較した研究がある[3]．エネルギー消費量の絶対値では男性が女性よりもやや高かったが，相対的な強度では男性 2.8 METs，女性 2.2 METs と有意差を認めなかった[3]．これらの運動強度からみると，ゴルフは軽から中等度の活動である．18 ホールを歩いてプレーした場合は強度が年代によって異なり，若年者で低強度（最高心拍数の 50％以上の強度を示す割合がプレー中で 18％），中高年者では低強度から中等度（同様に 16％），高齢者では高強度（0％）になるが，プレーヤー自身の主観的強度は年齢に大きな違いがない[35]．ゴルフの運動量や強度は技能や体力などによっても異なるが，運動時間は 4 時間を超え，低強度であっても中高齢者には健康維持の手段として，また自立維持，元気長寿を達成するよい運動といえよう．

（竹島　伸生）

第2章　高齢者も鍛えれば変わる – 運動の生理的効果 –

IV．虚弱高齢者に対する運動の効果

　寿命が延伸するなか，いかに人生の最後まで自立して生活できるかが大きな課題となっている。わが国では，これまで世界に誇れる皆保険制度や介護保険制度により，国民の健康と安全が維持できる仕組みが整っていた。しかし，介護保険サービス利用期間内における介護度の重度化が問題となっている。

　運動は，機能の維持や向上が期待できるも

のとして，健常者のみならず虚弱者や慢性疾患を有する者も積極的に実践することが求められている。虚弱者に必要な運動の目的としては，まず筋機能を維持しておくことや，筋量を極度に低下させないこと，あるいは転倒を予防することなどがあげられる。そのため，自立機能の維持を目指すレジスタンス運動と転倒予防を目指すバランス運動が必要とされ

表2-5　デイショートサービス利用者に対する12ヵ月にわたる2種類の座位式運動（レジスタンス，バランス）の筋力と機能的体力への効果（文献19より引用）

項目	運動の種類	介入前	介入3ヵ月後	介入12カ月後
身長（kg）	レジスタンス運動	157.3 ± 11	157.2 ± 11	156.8 ± 11
	バランス運動	154.8 ± 10	154.6 ± 10	154.5 ± 10
体重（kg）	レジスタンス運動	57.1 ± 12.6	55.5 ± 12.3	57.7 ± 13.4
	バランス運動	58.7 ± 12.0	58.8 ± 11.9	59.4 ± 11.6
BMI（kg/cm²）	レジスタンス運動	23.0 ± 3.9	22.3 ± 3.5	23.2 ± 3.9
	バランス運動	24.4 ± 3.5	24.5 ± 3.6	24.4 ± 3.4
足背屈（kgf）	レジスタンス運動	21.8 ± 12.5	25.6 ± 11.4＊	25.3 ± 12.3
	バランス運動	25.1 ± 12.8	25.2 ± 10.4	28.3 ± 10.8
膝伸展（kgf）	レジスタンス運動	33.2 ± 12.9	38.4 ± 13.9＊	38.6 ± 15.6
	バランス運動	28.0 ± 12.9	33.9 ± 19.7	35.1 ± 19.7
股外転（kgf）	レジスタンス運動	26.4 ± 11.2	26.4 ± 10.7	28.9 ± 10.1
	バランス運動	25.1 ± 11.4	23.5 ± 10.1	27.5 ± 12.4
股内転（kgf）	レジスタンス運動	20.6 ± 10.4	21.7 ± 8.2	21.3 ± 7.8
	バランス運動	19.3 ± 8.8	18.8 ± 9.4	18.7 ± 8.1
足底屈（回）	レジスタンス運動	43.2 ± 26.5	45.0 ± 31.6	41.1 ± 25.8
	バランス運動	31.3 ± 21.8	37.8 ± 31.7	31.4 ± 23.0
チェアスタンド（回/30秒）	レジスタンス運動	16.5 ± 4.2	16.6 ± 4.1	16.2 ± 4.2
	バランス運動	16.2 ± 5.2	16.2 ± 7.1	15.9 ± 6.8
ファンクショナルリーチ（cm）	レジスタンス運動	28.7 ± 7.0	27.7 ± 7.1	23.9 ± 7.2＊
	バランス運動	28.4 ± 6.1	29.5 ± 6.1	23.5 ± 6.1＊
片足立ち（秒）	レジスタンス運動	27.5 ± 30.7	32.2 ± 33.9	17.2 ± 20.2
	バランス運動	28.4 ± 28.2	30.9 ± 31.3	18.6 ± 23.2
10m歩行（秒）	レジスタンス運動	12.1 ± 7.7	12.4 ± 8.2	13.2 ± 9.4
	バランス運動	8.4 ± 1.7	8.1 ± 1.7	8.6 ± 2.0＊

平均 ± 標準偏差，＊：群内での比較（介入前と介入3カ月後および介入3カ月後と介入12カ月後）で有意差あり（$p < 0.05$）。

33

第2章　高齢者も鍛えれば変わる − 運動の生理的効果 −

ている[1]。これまでの研究による運動処方のガイドラインでは，運動の効果を得るためには，ある程度の運動量と中等度以上の運動強度が必要であるとされている。一方，体力レベルが極度に低下している場合は，低負荷のトレーニングによって膝関節伸展力が有意に増加したとの報告もある[11, 30]。

　一般的に虚弱高齢者では体力が低いうえに運動参加への意欲が弱く[5]，日常生活で常に倦怠感や不安感を感じているため，そもそも運動実践に対する意識が低い人が少なくない。こうした状況で高い運動量や強度を設定することは困難であり[7]，運動習慣をつけるまでにいたらない場合が多い。一方，国の内外を問わず，介護予防のためにレジスタンスマシンなどを利用した方法が用いられてきている。しかし，特別な機器の利用は専門的知識を必要とするうえに集団での運動には馴染まないものもある。そのため集団指導をするなどの介護保険制度を用いたリビリテーションでは，その方法がとれない施設も少なくない。

　われわれは，介護保険利用高齢者に対して12ヵ月間にわたる座位式での簡単な運動の効果を検証した[19]。運動は，バンドを使った運動，空気圧を利用した簡単な器具を用いた筋力トレーニング，クッションに座った重心移動の運動などであった。最初の3ヵ月間では足関節背屈力，膝関節伸展力が有意に高い結果を示した。12ヵ月後も低下が認められず，下肢筋力への運動効果が維持されていた（**表2-5**）[19]。用いた運動は，対象者の強い努力を要するものでないため，一般的な運動処方からみれば運動強度は低い。これは介護を受けている高齢者の日常の生活活動強度（1日あたりの歩行数は平均3,000歩程度）が低く，非活動的なライフスタイルであることや，慢性疾患をもっていることなどを考慮して安全性を優先したものであるが，特に下肢筋力の低下を防ぐという点からは効果的なものであったと考えられる。すべての虚弱者が運動を積極的に行うことは困難であり，少しでも身体を動かす習慣づくりが結果的に機能の低下を遅らせ，維持向上できれば要介護者を減少する方向に貢献できるものと思われる。

（岡田　壮市，竹島　伸生）

第3章

高齢者に対する
エアロビクス運動の理論と実際

I. エアロビクス運動とは

　人が運動を行う場合，短時間で大きな力を出して動く様式〔無酸素性（アネロビック anaerobic）運動〕と比較的長時間にわたり，低から中強度の力を発揮して動く様式〔有酸素性（エアロビック aerobic）運動〕がある。有酸素性運動と無酸素性運動は，運動の基本となる筋収縮のエネルギー源であるアデノシン三リン酸（ATP）の供給源の違いによって分けられる。ATP はタンパク質や脂肪，糖質を体内で代謝させて合成される。しかし，筋が ATP を貯蔵できる量には限界があるため，常に体内では ATP が合成され，使われ，そしてまた合成するという循環が生じている。

　有酸素性運動は，糖質（グリコーゲン）や脂質を酸素利用して分解する有酸素性エネルギー代謝によって合成される ATP によって賄われている。具体的な運動としては，ウォーキングやジョギング，サイクリングなどが

これにあたり，負荷の低い運動を長時間続けるという特徴がある。一方，無酸素性運動は，クレアチンリン酸や糖質を無酸素性エネルギー代謝によって合成された ATP によって賄われている。具体的な運動としては，短距離走やレジスタンス運動などがこれににあたる。以前は，運動不足は成人病，特に心臓や循環器などの疾病のリスク要因として考えられ，有酸素性運動が必要であるとの考えが支持され，高齢者においてもウォーキングが推奨されてきた。

（竹島　伸生）

II. 至適な運動の組み立て方と実際

　健康づくりのためにすすめられる運動の質と量に関しては，アメリカスポーツ医学会（ACSM）のガイドラインがある（**表3-1**）。2011 年のガイドライン[2]では，中等度強度の運動を最低 30 分以上，週 5 日程度，1 週

第 3 章　高齢者に対するエアロビクス運動の理論と実際

表 3-1　一般的なエアロビクスの運動処方ガイドライン

発表者 (年)	運動強度	運動頻度	運動時間
ACSM (1978)	60〜90%HRmax, 50〜85%$\dot{V}O_2$max または HRR	週 3〜5 日	15〜60 分
ACSM (1995)	50/60〜90%HRmax, 40/50〜85%$\dot{V}O_2$max	週 3〜5 日	20〜60 分
ACSM (1998)	55/65〜90%HRmax, 40/50〜85%$\dot{V}O_2$max または HRR	週 3〜5 日	10 分以上の連続で 20〜60 分
ACSM (2011)	中等度または高強度, 中等度と高強度の混合型	中等度：週 5 日 高強度：週 3 日	中等度：1 回 30 分以上，1 週間で 150 分 高強度：1 回 20 分以上，1 週間で 75 分以上
AHA (1995)	50〜60%$\dot{V}O_2$max	最低週 3 回	最低 30 分
CDC (1995)	中等度	毎日	30 分以上
厚生省 (1989)	40〜70%$\dot{V}O_2$max	週 2 日	20 分以上

ACSM：アメリカスポーツ医学会，AHA：アメリカ心臓学会，CDC：アメリカ疾病予防センター。

表 3-2　高齢者のエアロビクストレーニングのガイドライン（文献 3 より引用）

運動頻度	運動時間	運動強度
週に 3〜7 日	1 回 20〜30 分	主観的運動強度で 12〜13（40〜60%HRR または $\dot{V}O_2$max）
安全性と有効性		
軽強度または低強度 可能であればウエイトを用いた歩行など漸増負荷を用いる		

体力や健康度は個人差が大きいため，これらの運動量や強度がすべての高齢者に対して有効で妥当なものであるかどうかは明らかではない点に留意が必要である。

1. 運動強度と時間

間で 150 分，または高強度の運動を 1 回最低 20 分以上，週 3 日で 75 分以上の運動がすすめられている。運動量としては，週に 500〜1,000 METs/分，1 日 7,000 歩以上の運動が望ましいとされている。

　高齢者向けのエアロビクスガイドラン[1]では，中等度強度で，1 回 30〜60 分程度，最低 10 分以上で週に 150〜300 分，または高強度で 1 回 20〜30 分，週に 75〜150 分の運動がすすめられている。しかし，高齢者の

　運動強度の設定では，酸素摂取量（$\dot{V}O_2$）の代わりに心拍数（heart rate：HR）が用いられることも多い。しかし，安静時心拍数，最高心拍数（HRmax）とも個人差が大きいため心拍数の利用には制約が伴う。そのため，運動強度の設定には，心拍予備量（heart rate reserve：HRR）の何パーセントかを表わす%HRR が使われることが多い[4]。%HRR はカルボーネンの式【〔（220 − 年齢）− 安静時心拍数〕× 運動強度（k）＋ 安静時心拍数】で求められ，高齢者における運動強度（k）は 0.4（40%）または 0.6（60%）が用いられることが多い（表 3-2）[3]。$\dot{V}O_2$max や

HRmaxから相対的に運動強度を算出する方法と%HRRによる方法に若干の違いはあるが，多くの人にとって運動強度は概ね等しくなる。しかし，高齢者では両者の差が大きくなることがある点に留意が必要である[14]。

高齢者や冠動脈疾患，一部の脂質異常症，高血圧，肥満，糖尿病などを有する体力の低い者に対する運動強度の設定には，%HRRでの設定だけでなく，乳酸性閾値（lactate threshold：LT）レベルでの時間をかけた運動が推奨されている[8]。高齢者では50%$\dot{V}O_2max$程度（LTレベル）で十分なトレーニング効果が観察されており，このあたりの強度が妥当である。これは100～120拍/分またはHRRの40～60%に相当する[9]。

運動量は強度と時間によって決まるが，高齢者の場合には，安全性が要求されるため$\dot{V}O_2max$の40～50%（$\dot{V}O_2peak$の50～70%）程度で，最初は15～20分にとどめる。慣れてくると高齢者でも1時間以上運動することが可能である。

2. 運動頻度

著者らは高齢者に週3日の運動を12週間にわたって指導し，その後，同様の運動を週に1日の頻度に減らし3年6ヵ月間続けた。その結果，$\dot{V}O_2max$はトレーニング開始当初に有意に改善したが，運動頻度が少なくなると加齢による影響が大きくなり，著明に低下した（**図3-1**）[11]。この結果から，運動頻度も重要な要素といえる。したがって，高齢者の全身持久性に対するトレーニング効果を求めるためには，強度と頻度のバランスを十分に考慮した運動プログラムの作成が必要である。

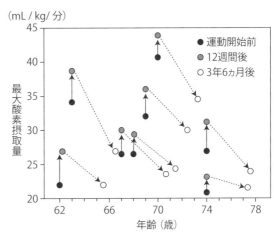

図3-1 高齢者における運動の頻度と最大酸素摂取量の変化（文献11より引用）
高齢者を対象に週3日の運動を12週間行い，同様の運動を週に1日の頻度で3年6ヵ月間続けた。トレーニング開始当初に$\dot{V}O_2max$は有意に改善したが，運動頻度が少なくなると著明に低下した。

3. 運動種目

表3-3は，著者らが高齢者向けに実施してきた運動である。固定自転車，ウォーキング，リズム運動などが，エアロビクス運動として効果的である。対象者や指導者の嗜好や目的，施設の状況などによって選択するとよい。最近では，中高年者の間でトレッキングの人気が高い。ウォーキングも平地のみでなく坂や山を利用することで環境が変化し，心身に対する効果も高くなる。腰や膝などに整形外科的障害を有する人で通常の歩行が困難な場合，水中運動が有効である。

高齢者は歩くことがよい（あるいは歩くだけでよい）といったように，ある種目（様式）にとらわれるのではなく，施設の状況などから実施できる運動，または高齢者が行ってみたいと望む運動を選択し，それをどのようにして実施するか（運動の内容や仕方）という

表 3-3 高齢者が実施可能な運動

一般高齢者	
エアロビック運動	固定自転車 ウォーキング リズム運動
レジスタンス運動	油圧式マシン ゴムバンド 自体重（主にスクワット） ダンベル
バランス運動	バランス運動（静的または動的バランス）
柔軟運動	ストレッチ
複合運動	ノルディックウォーキング セラバンドステーションサーキット PACE（油圧式マシン）サーキット 太極拳 水中運動（水中歩行，水中ダンス，水中筋力トレーニング）
虚弱高齢者	
レジスタンス運動	自体重 ゴムバンド（座位，立位） 他動マシン 油圧式マシン
バランス運動	立位でのバランス運動

ことに配慮と工夫が必要である。何歳になっても種々の運動を楽しみたいという積極的な考え方が quality of life の向上に通じるであろう。

（竹島　伸生）

III. 身体活動としての歩行

歩行は人間が随意的に移動するための手段として最も基本的なものである。近年，従来の身体運動（exercise）に加えて，身体活動（physical activity）の程度が健康に関連するという疫学的エビデンスが示され，すべての人において身体活動の量を増やすことが求められている[13]。

わが国では，21 世紀の国民の健康の増進の総合的な推進を図るための基本的な方針である「健康日本 21（第二次）」において，身体活動・運動として日常生活における歩数の増加を目標に掲げている。具体的には 2022 年までに 65 歳以上の男性で 7,000 歩，女性で 6,000 歩という目標値が示されている。

では，実際に人はどの程度の歩数を歩いているのだろうか。地域在住高齢者（1,251 名）を対象に，加速度計つき歩数計（スズケン，ライフコーダー）を用いて日常の身体活動量（1 日あたりの歩数）（図 1-21 参照）と活動強度〔身体活動量を測定した際の 1 日あたりの中等度強度（3～6 METs の範囲）の総時間〕を測定した（図 3-2）[6]。その結果，1 日あたりの歩数は，60 代前半 8,921 歩，60 代後半 8,432 歩，70 代前半 7,526 歩，70 代後半 6,081 歩であった。これは，2016 年の厚生労働省国民栄養調査で報告された 60 代の女

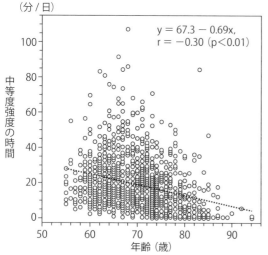

図 3-2　地域在住中高齢女性の年齢と中等度強度時間との関係（文献 6 より引用）
1 日あたりの中等度強度（3～6 METs の範囲）の総時間数を示す。1 日あたりの歩数については図 1-21 参照。

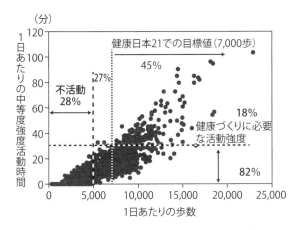

図 3-3 地域在住高齢者（757名）の活動実態（文献 5 より引用）
健康日本 21 における 2022 年までの1日の目標歩数 7,000 歩を超えるのは対象者の 45％であったが，中等度強度での推奨活動時間 30 分[13]を超えるのは対象者の 18％にとどまる。

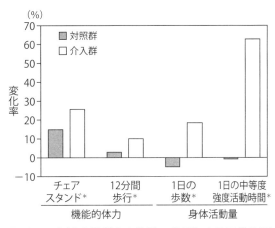

図 3-4 加速度計付き歩数計の利用による日常生活時の身体活動量の変化（文献 7 より引用）
加速度計付き歩数計のデータを高齢者にフィードバックしたところ，活動量が有意に増加した。＊介入前後の平均値で交互作用が認められた（p＜0.05）。

性の歩数 6,526 歩，70 歳以上の女性の歩数 4,267 歩と比較して，明らかに多い。また，対象者の 69.0％が，前述の厚生労働省の 2022 年までの目標歩数を超えていた。このことから，高齢者の目標歩数については再考の必要があると思われる。

一方，Tudor-Locke ら[12]の研究では，座位中心の生活を行っている不活動な人は対象者の約 20.4％に存在し，その1日あたりの平均歩数は 5,000 歩以下であった。この結果から，高齢者のなかには座位中心の不活動な生活習慣を有する人がかなりの割合で存在することが推察される。われわれが，老人介護施設入所者 16 名（平均年齢 85 歳）を対象に歩数を調査したところ，1日あたり 246 ± 115 歩（最小 92 歩，最高 1,217 歩）であった[10]。

（小泉　大亮，竹島　伸生）

IV. 加速度計付き歩数計を使った健康づくり

加速度計付き歩数計は，歩数に加えて活動強度が測定できるため，身体活動の量（歩数）と質（強度）を評価することができる。

図 3-3 に加速度計付き歩数計を用いて地域在住高齢者 757 名の活動実態を示した[5]。これをみると，健康日本 21 の 2022 年までの1日の目標歩数 7,000 歩を超えるのは対象者の 45％であったが，U.S. Surgeon General Report[13]の中等度強度での推奨活動時間 30 分を超えるのは対象者の 18％にとどまっていた。この結果から，歩数のみの評価では半分近くの人が目標値に達するものの，強度が低いことが明らかである。このことからわれわれは，加速度計付き歩数計のデータをコンピュータで自動解析し，その結果を高齢者にフ

ィードバックするようにした。その結果，機能的体力が有意に向上し，身体活動量も有意に増加した（**図** 3-4）[7]。このように，情報技術（IT）を使った健康づくりも有効であり，さらなる活用が期待される。

（小泉　大亮，竹島　伸生）

第4章

高齢者に対する
レジスタンス運動の理論と実際

I. レジスタンス運動とは

福永[15]は，健康寿命を延伸し健康で活発な生活を維持するための身体能力を「生活フィットネス」と呼び，特に重要な要素を筋力であるとした。骨格筋（以降，筋とする）は身体活動を生み出す最も直接的な組織であり，その筋が発揮する力（張力）が加齢とともに低下していくことは，すでに第1章で述べた。しかし，筋は可逆性に富む組織であり，高齢者においても適切な運動を行えば発揮する力は大きくなり，筋そのものも太くなることは周知の事実である。

一般に筋を鍛える運動を「レジスタンス運動（トレーニング）」と呼ぶ。「レジスタンス」とは「抵抗」を意味する用語であり，筋にトレーニングによる負荷をかける運動を指して用いられている。筋に負荷をかける方法として，以前は主にバーベルやダンベルなどの「おもり」を用いることが多く，「ウエイトト

レーニング」と呼ばれていた。しかし近年，バネやゴムの弾性，油圧や空気圧をを負荷として用いる方法も一般的となり，これらを含めて「レジスタンス運動」と呼ばれている。

II. レジスタンス運動の種類

レジスタンス運動の種類として，①筋の収縮様式に準じて分けられたもの，②運動に参加する関節の数で分けられたもの，③抵抗としての負荷にマシンや器具などを用いるか，自重（自身の体重）を用いるかによって分けたもの，の3つに大別できる。

1. 筋の収縮様式に準じた分類

筋は収縮することによって張力を発揮するが，その張力の発揮様式には以下の3つがある。

1）等尺性収縮（isometric contraction）

筋の長さ（ここでいう「筋の長さ」とは骨

41

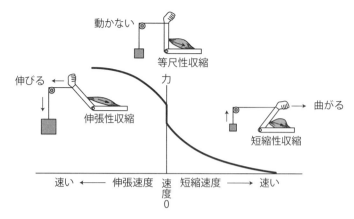

図 4-1　各筋収縮様式にて発揮される力と速度の関係（文献 50 より引用）
筋の長さが変化する速度（収縮速度）が「0」の場合を等尺性収縮（isometric contraction），筋の長さが短くなりながら張力を発揮する場合を短縮性収縮（concentric contraction），筋の長さが長くなりながら（引き伸ばされながら）張力を発揮する場合を伸張性収縮（eccentric contraction）という。

への付着腱を含んだ起始部から停止部までの長さを指す）を一定に保ったままの状態で，筋が張力を発揮する収縮様式のことであり関節運動は生じない。すなわち，筋の長さが変化する速度（収縮速度）が「0」のことであり，動かないものに対して筋が力を発揮している状態や，筋の発揮した張力が負荷と釣り合っている状態での筋収縮のことをいう。

等尺性収縮を用いて行われる運動を「アイソメトリックトレーニング」と呼び，関節運動を伴わないことから，関節に負担の少ない運動としてトレーニングに用いられる。

2）等張性収縮（isotonic contraction）

筋の長さは変化する（すなわち関節運動を伴う）が，筋の発揮する張力は一定である収縮様式のことである。筋の長さが短くなりながら張力を発揮する場合を短縮性収縮（concentric contraction）といい，筋の長さが長くなりながら（引き伸ばされながら）張力を発揮する場合を伸張性収縮（eccentric contraction）という（図 4-1）。

等張性収縮を用いた運動を「アイソトニックトレーニング」と呼ぶ。ダンベルを持ち上げたりするなど，筋に負荷をかけた状態で関節運動を行うトレーニングである。また等張性収縮では，伸張-短縮サイクル（stretch shortening cycle：SSC）と呼ばれる反動を使う動作のような瞬間的に伸張性収縮から短縮性収縮を切り替えるトレーニング方法があり，「プライオメトリックトレーニング」と呼ばれる。プライオメトリックトレーニングは，スポーツ競技動作に必要なパワーを高めるのに効果的であるが，関節や筋・腱にかかる負荷も多く，中高齢者のレジスタンス運動として用いられることはほとんどない。

3）等速性収縮（isokinetic contraction）

筋が一定速度で長さを変化させながら張力を発揮させる収縮様式であり，等張性収縮と

同じく短縮性・伸張性収縮に分類される。通常の状態では筋収縮速度が一定になることはなく，等速性収縮を用いて行う運動は，トルクモーターを制御して一定の速度（関節運動の角速度）で抵抗運動ができるようにつくられた機器を用いて行う。関節が可動する範囲すべてにわたって筋に最大収縮を起こすことができるという利点はあるが，装置が高価であり，設置場所もかぎられる。また，操作やセッティングが煩雑なため，トレーニングに際して時間がかかるなどの問題がある。

2. 運動に参加する関節の数による分類

1）単関節運動

　動作にかかわる関節が1つだけの運動を単関節運動と呼ぶ。トレーニング動作が比較的簡単であり，動員される筋もかぎられるため，強化したい特定の筋を意識し，目的に応じた適切な負荷を掛けることができる。単関節運動は，レジスタンス運動の動作を行う四肢の末端や身体が床に固定されないで運動する開放性運動連鎖（open kinetic chain：OKC）で非荷重にて行われる。具体例として，アームカールやレッグエクステンションなどがあげられる。

2）多関節運動

　動作にかかわる関節が複数の運動を多関節運動と呼ぶ。単関節運動より，トレーニングで行う正しい動作の習得がやや難しくなる。レジスタンス運動では多くの筋を動員するため，これらの筋群に協調的に力を発揮させる能力は養えるが，動員している個々の筋は意識しにくい。また，個々の筋群に対して実際に加わっている負荷は，はっきりとはわからない場合が多い。多関節運動は，レジスタンス運動の動作を行う四肢の末端や身体が床に固定されて運動する閉鎖性運動連鎖（closed kinetic chain：CKC）で荷重下にて行われる。具体例として，腕立て伏せやスクワットなどがあげられる。また，レジスタンス運動の動作を行う四肢の末端や身体は固定されているが，一定の軌道上で制限されているような運動を，semi-closed kinetic chain（SCKC）といい，部分荷重下で行われる。具体例として，自転車漕ぎ運動などがあげられる。

3. 抵抗として用いる負荷の種類による分類

　レジスタンス運動で用いる負荷には，大きく分けてマシンや器具を利用するものと，自重を利用するものがある。

1）マシンや器具を負荷に用いる方法

　レジスタンス運動の負荷には，マシンやフリーウエイトが最もよく用いられる。フリーウエイトとは，1960年代以降にレジスタンス運動を行うために開発されたさまざまなマシンが登場してから誕生した用語である[28]。マシンは決められた軌道をたどって運動を行うように設計されているため，「ガイディングマシン（guiding machine）」と呼ばれる。対して，ダンベルやバーベルなどは，実施者の意志によって運動中の軌道を自由（フリー）にできることから，「フリーウエイト」と呼ばれる。

　マシンには，単関節運動を行うものから多

関節運動が行えるものまでさまざまなものがあるが、いずれも運動方向がガイドされているため、動作の習得は容易である。

マシンの負荷の種類としては、プレート状の重りを用いたウエイトスタック方式、重りとしてバーベルを用いたプレートローディング方式、油圧や空気圧、または電磁を抵抗に用いたものなどがある。ウエイトスタック方式やプレートローディング方式のマシンは、特定の筋や筋群に対して短縮性収縮と伸張性収縮の運動を実施することができる。加えられる抵抗は、負荷に用いるおもりによって決まるため、鍛えたい筋や筋群に対しての負荷強度が明確である。また、高強度運動も実施することができる。対して空気圧や油圧を負荷に用いたマシン（電磁式は除く）は、基本的に短縮性収縮での抵抗運動のみであり、運動時に加わる負荷は、実施者の発揮筋力に応じている。そのためレジスタンス運動で鍛えたい個々の筋や筋群に加わる負荷強度は明らかではない場合が多い。しかし、レジスタンス運動の初心者や高齢者などでは、運動中に過度な負荷が加わることを避けることができ、安全に実施しやすい。いずれのマシンもコストや設置場所の確保などの問題や一度に運動できる人数にかぎりがあるといった欠点がある。

バーベルやダンベルなどフリーウエイトを用いた運動時における動作の軌跡は、実施者の意志で決定できるので、さまざまな動作のトレーニングを実施しやすい。しかし、負荷が加わった状態で動きをコントロールしなければならないので、安全に実施するためには正しい動作の習得が必要である。また、高負荷で実施する際には、熟練した補助者も必須である。フリーウエイトの値段はマシンと比べると安いが、トレーニング時に器具を落下させたりすることもあり、実施する場所の床面の補強（もしくはプラットフォームの設置など）や、ラック類の整備、1人あたりの十分な専有面積の確保などが必要となる。そのため、フリーウエイトによるレジスタンス運動も、一度に運動できる人数はかぎられる。

その他、レジスタンス運動時の負荷に用いる用具として、ゴムバンドやチューブがあげられる。これは、最も手軽に用いることのできる用具であり、安全に短縮性収縮・伸張性収縮での抵抗運動が可能であることから、高齢者の運動に適している。また、スポーツ選手のケガからの復帰の際に行うリハビリテーションでもよく用いられる。ゴムバンドやチューブは安価であり、携帯も可能である。しかし、引っぱりに対する抵抗の強さは、各メーカーが独自に決めたゴムの色などで表わされているが、実際に運動時に加わっている筋や筋群への負荷は、正確に把握することができない。

2) 自重を負荷に用いる方法

負荷に自重を用いたレジスタンス運動では、マシンや器具・用具などを用いた場合と異なり、場所や参加人数などの制約を受けず、いつでも・どこでも運動を実施することができる。しかし、自重を負荷に用いた場合、筋や筋群に加わる負荷強度は不明であり、トレーニング効果にもばらつきが大きいことが指摘されている[2]。レジスタンス運動として代表的運動である自重を負荷にして実施されるこ

とも多いスクワット運動を例にみてみる。スクワット運動を大腿四頭筋に対するレジスタンス運動として実施した場合，自重に対して大腿四頭筋の筋力が低い人（筋力が低く体重が重い）にとっては負荷が高くなり，反対に大腿四頭筋の筋力が高い人（筋力が強く体重が軽い）にとっては負荷が軽くなる。つまり，自重を負荷として用いた場合，個々の体重と筋力の違いが，筋に与える負荷強度に影響する。

（藤田　英二）

III. 至適なレジスタンス運動の組み立て方

高齢者の健康づくりのためのレジスタンス運動は，週に少なくとも2日，大筋群を使った8〜10種類の運動を各8〜12回反復できる程度で行うことが必要である[1]。しかし，対象者の体力や健康度に影響されるため，運動の実施の際には個人個人にあった工夫が求められる。従来のレジスタンス運動は，ウエイトマシンを用いたものが中心であったが，油圧，空気圧なども使用されてきており，携帯性や経済性を考慮したチューブ，ゴムバンドの利用など，レジスタンス運動の方法も多様化されてきている[55]。

1．運動強度

レジスタンス運動を実施する際には，強度，頻度，セット数，運動間の休憩などを決定する必要があるが，なかでも重視されるのは運動強度である。高齢者に対する持久性運動やレジスタンス運動の有効性は多くの先行研究

によって立証されているが[9, 10, 38, 39]，これらの研究で用いられている運動強度は高い（80%1 RM，60〜85%HRR）ものが多い。しかし，この強度は高齢者や虚弱者にとって適当ではない。特に機能的に制限がある高齢者や健康に問題を抱えている高齢者にとっては，障害の危険性を伴うため制約が大きい。最大筋力の40〜60%でも効果が期待できるという研究もあり[54]，中等度強度の運動のほうが安全を確保でき，より有効であると思われる。低強度もしくは中等度強度の運動のほうが，高強度の運動よりも継続しやすく[44]，それを長期間継続している高齢者の生活自立度が非常に高いことが報告されている[53]。

2．回数と頻度

1セットでも多くのセット数を実施するのと同じ効果が得られるという研究がある[8]。また，一般の人を対象としたトレーニングでは，どの程度の反復回数が筋力，筋肥大，筋持久力の向上をもたらすのかに関する理論的な根拠はない。しかし，高齢者の骨塩量に関しては，少ない反復回数（7〜10回）より多い反復回数（14〜18回）のほうが効果が高いことが知られている[0]。一般の人が筋力や筋持久力を向上させたい場合は，高強度の運動を8〜12回繰り返せばよい。しかし，高齢者は日常生活での活動強度が低いことから，過負荷の原則を考えて，日常生活より高いレベルの強度であれば効果は十分期待できるであろう。

高強度のレジスタンス運動を行った場合，筋組織内に微小な損傷が起こり，回復には48〜96時間が必要とされる。そのためレジスタ

ンス運動の実施の際には 48〜96 時間は空けたほうが効果が得られる。しかし，高齢者の場合にはそれほど高い強度での運動は行わないため，週 2〜3 日の頻度がすすめられる。運動効果の観点から，週 1 日より 2 日のほうが改善の程度は明らかに大きいが，週 3 日と比較すると変わらないとする研究[6]もある。この点からも週 2〜3 日の頻度がすすめられる。

3. レジスタンス運動時の留意点
1) トレーニングの 3 原理

効果的なトレーニングのためには，過負荷（overload），特異性（specificity），可逆性（reversibility）の 3 つの原理を考慮する必要がある。

過負荷の原理とは，トレーニングの効果は日常生活で加わる負荷よりも高いレベルの負荷が必要であるということである。高齢者では日常活動量や活動強度が低いため，それほど高くない負荷，運動強度でも効果が得られる。

特異性の原理とは，トレーニング方法によって得られる効果・部位が異なるということである。例えば，低強度のトレーニングを行った場合は，筋におけるミトコンドリア数，毛細血管数の増加などにより酸化能や局所持久性が高まり，高強度トレーニングの場合には，タンパク質（収縮性タンパク質）などの質的向上や筋肥大などが期待できる。

可逆性の原理とは，トレーニングを止めた場合，それまで獲得できた効果がすぐに消失しはじめるということである。そのため，トレーニングは継続することが重要になる。

2) 漸進性の原則

運動を継続すると，筋力は明らかに向上する。運動の方法や筋力などをチェックし，開始後少し慣れてきたら運動プログラムを見直し，運動強度を徐々に高めることも効果をあげる重要な要素である。

3) 最大可動域での運動の実施

レジスタンス運動を行う際は，正しい運動の方法や身体の動かし方を身につけ，できるかぎり最大の可動域を使用しての運動がすすめられる。これは，筋力の発揮レベルは関節角度によって異なり，全可動域を使った運動のほうが動作が大きくなり，種々の角度における最大筋力を高めることができるためである。また，日常生活における身体活動の動作はできるだけ大きいほうが望ましいとされており，関節可動域も大きな動作によって改善する。

4) 事故，安全への配慮

高齢者では整形外学的な問題や循環器系の疾患を有する者も多く，トレーニング中の事故の防止や安全への配慮は欠かせない。

最近の研究では，心疾患患者が 60％1 RM 以上のレジスタントトレーニングを行ってもダブルプロダクト（収縮期血圧と心拍数の積，心筋の酸素消費量と相関）は漸増負荷による最大酸素摂取量測定時の 85％以下であった。また，不整脈や憂慮される虚血状態は生じないこと，拡張期血圧は高くなるが収縮期血圧は亢進しないことなどが報告された[58]。このことから，レジスタントトレーニングは安全性が高いといえる。

Gordonら[18]は，20歳以上で収縮期血圧160 mmHg以下，拡張期血圧90 mmHg以下の者14,000人を対象に，ベンチプレス，レッグプレス，ニーエクステンションの最大筋力テストを行ったが，心臓血管系の障害はみられなかった。また，Bennら[4]は，高齢者がレジスタンス運動を行った際の血圧亢進は，おもりを持っての歩行運動と比べて大幅な亢進をきたすことがなく，むしろ踏み台昇降運動で収縮期血圧，平均動脈圧が高かったことを報告した。われわれは，油圧式マシンを利用した高齢者のレジスタンス運動を指導しているが，血圧応答についてBennら[4]と同様の結果が得られており，3階までの階段歩行のほうが収縮期血圧は高値を示した。

いずれの運動においても安静時よりは危険性が高まる。重要なことは，いかに行うかという方法論上の問題である[57]。

IV. 油圧式マシンによる運動

油圧式マシン（図4-2），ウエイト式マシンとも筋力や筋パワー向上のためのトレーニングマシン（レジスタンストレーニングマシン）であるが，両者の筋の動員様式は異なる。油圧式マシンは，原理が注射器と同じ油圧シリンダという装置で負荷を発生させる。液体が入った注射器のプランジャ（押子）を動かす際，注射器の穴が小さいほど，液体の粘度が高いほど力が必要である。また，プランジャを速く押す場合は大きな力が必要であるがゆっくり押す場合には小さな力ですむ。この現象を利用したのが油圧式のレジスタンスマシンであり，粘度の高い油を用い十分な負荷を

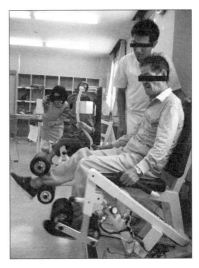

図 4-2 油圧式マシンによるレジスタンストレーニング
油圧式マシンの構造によりウエイト式に比べてケガをしにくく，高齢者や虚弱者が実施する運動方法として適している。

発生させて，油の出入りする穴の大きさをダイヤルなどにより切り替えることで負荷を変化させることができる。また，運動能力範囲の速度で運動することにより無理のない負荷がかけられる。換言すると，運動に伴う負荷は運動実施者自身が発揮した筋力に応じて生じるということである。さらに，穴から出た油がシリンダ内部にもどる構造のため，ピストンを引っぱる際にも，押すときと逆方向の負荷を得ることができる。すなわち，すべての運動が筋の短縮性運動によって行われるのである。この正負2方向の負荷は，ウエイト式では得られない。ウエイト式では落ちるウエイトを支えるためだけの一方向の負荷しか得られない。また，運動を停止すればその時点で負荷がゼロになることも油圧式の大きなメリットである。油圧式マシンのこれらの特

第 4 章　高齢者に対するレジスタンス運動の理論と実際

表 4-1　健常高齢者に対する油圧式マシンを用いたレジスタンス運動の相対的強度の変化（文献 32 より引用）

運動部位	評価指標		ステージ 1 （1〜4 週）	ステージ 2 （5〜8 週）	ステージ 3 （9〜12 週）
膝	ダイアルセッティング		2.6 ± 0.2	3.6 ± 0.4	4.3 ± 0.6
	フォース（N）	伸展	137.7 ± 33.4	171.4 ± 49.1	228.9 ± 66.3
	フォース（N）	屈曲	127.1 ± 31.4	147.1 ± 42.0	157.1 ± 48.3
	RI（%）	伸展	42.9 ± 10	53.4 ± 14.6	71.3 ± 19.8
	RI（%）	屈曲	51.0 ± 8.1	59.0 ± 10.9	63.0 ± 12.6
	主観的運動強度		10.6 ± 0.6	12.2 ± 0.3	13.0 ± 0.7
胸	ダイアルセッティング		2.5 ± 0.4	3.6 ± 0.4	4.5 ± 0.3
	フォース（N）	プレス	186.0 ± 19.9	220.1 ± 27.0	280.8 ± 39.6
	フォース（N）	プル	169.4 ± 22.1	210.9 ± 30.2	248.9 ± 33.0
	RI（%）	プレス	49.1 ± 5.9	58.3 ± 8.8	74.0 ± 14.3
	RI（%）	プル	49.4 ± 7.5	61.3 ± 10.5	72.4 ± 12.0
	主観的運動強度		9.3 ± 0.7	12.2 ± 0.7	12.8 ± 0.7
肩	ダイアルセッティング		2.5 ± 0.5	3.4 ± 0.4	4.4 ± 0.3
	フォース（N）	プレス	80.7 ± 39.6	99.7 ± 32.4	112.9 ± 44.9
	フォース（N）	プル	122.1 ± 25.9	152.6 ± 40.7	216.7 ± 73.3
	RI（%）	プレス	51.1 ± 10.1	63.1 ± 12.5	71.5 ± 15.6
	RI（%）	プル	40.0 ± 7.7	49.7 ± 11.6	71.0 ± 21.2
	主観的運動強度		11.2 ± 0.8	12.1 ± 0.7	12.8 ± 0.9
腰部	ダイアルセッティング		2.3 ± 0.3	3.3 ± 0.3	4.5 ± 0.5
	フォース（N）	伸展	149.1 ± 42.8	179.2 ± 63.2	198.2 ± 70.8
	フォース（N）	屈曲	87.3 ± 19.1	103.6 ± 28.3	120.0 ± 27.8
	RI（%）	伸展	54.9 ± 9.3	66.0 ± 12.7	73.0 ± 12.5
	RI（%）	屈曲	48.0 ± 8.4	57.0 ± 12.4	66.0 ± 13.9
	主観的運動強度		11.2 ± 0.8	12.1 ± 0.7	12.8 ± 0.9

平均 ± 標準偏差，p<0.05：ステージ 1 vs. ステージ 2，ステージ 2 vs. ステージ 3，ステージ 1 vs. ステージ 3，主観的運動強度：ボルグの 6〜20 ポイントスケール，RI：相対的運動強度。

微により，ウエイト式に比べてケガをしにくく，効果的な往復運動が実施でき，高齢者や虚弱者に対する運動方法として適している。空気圧を利用したマシンも油圧式マシンと似た特徴を有するが，コンプレッサーの圧縮空気で発生する能動的な負荷であるため，返しの抵抗や反動が大きい場合もある。

Lee ら[32]は，特別な運動習慣のない地域在住高齢者 39 名（運動群：21 名，平均年齢 68 歳，非運動群：18 名，平均年齢 67 歳）を対象に，油圧式マシンを用いて週 3 日，1 回 30 分（主運動）の定期的なレジスタンス運動を 12 週間にわたって指導し，運動強度や効果について検討した。トレーニング中の運動強度は部位によって異なるが，最大筋力（油圧式マシンで評価したフォース）の 40〜70％の相対強度であった。また，運動群と非運動群における筋力は，トレーニング前後と 4 種類のダイヤル抵抗で交互作用，経時効果に有意性が認められた。筋力の改善率は部位

第 4 章　高齢者に対するレジスタンス運動の理論と実際

表 4-2　デイサービス利用高齢者に対する 12 週間にわたる油圧式マシンによる運動の効果（文献 40 より引用）

項目	運動前	運動後	前後での有意差	効果量
10m 歩行（秒）	9.5 ± 3.3	8.5 ± 2.1	p<0.05	0.30
握力（右）(kg)	23.9 ± 9.3	23.5 ± 9.7	NS	0.04
握力（左）(kg)	24.6 ± 9.4	22.6 ± 11.2	NS	0.21
チェアスタンド 5 回（秒）	9.5 ± 2.4	9.0 ± 2.2	p<0.05	0.21
開眼片足立ち（右）（秒）	11.7 ± 10.8	15.6 ± 11.4	NS	0.36
開眼片足立ち（左）（秒）	14.2 ± 11.2	17.0 ± 12.4	p<0.05	0.25
転倒スケール（FES）	44.9 ± 26.0	46.8 ± 24.1	NS	0.07
うつ病尺度（GDS）	13.7 ± 4.1	13.5 ± 3.9	NS	−0.05

FES：Fall Efficacy Scale（日本語版），GDS：Geriatric Depression Scale，NS：有意差なし。

により異なるが，平均で 10〜93％の範囲であった。このように，油圧式マシンによるレジスタンス運動により，全身の大筋群の筋力が向上した。また，運動中の相対強度（RI）をみると，運動前のフォースの最高値を 100％とした場合，徐々に相対強度が高まっており，従来のウエイト式と同様の負荷がかけられる（**表 4-1**）。さらに，運動群 17 名，（男性 7 名，平均年齢 72 歳，女性 10 名，平均年齢 67 歳）と非運動群 14 名（男性 5 名，平均年齢 68 歳，男性 9 名，平均年齢 68 歳）を対象に，運動前後で超音波断層法で筋量と体脂肪量を測定したところ，両群で性，経時効果と測定部位について交互作用とそれぞれに有意差が認められた。部位により変化に違いが認められるが，男女ともに皮下脂肪厚が有意に減少し，筋厚は男性のみ有意に増加した。部位では上肢，下肢の変化が顕著であった。高齢者への油圧式マシンによるレジスタンス運動は，筋力を向上させると同時に，男性では筋量の増加，女性では脂肪量の減少の可能性が示唆された。このように高齢者を対象にした油圧式マシンによるトレーニングで

いくつかの効果が観察されている [5]。

岡田ら [40] は，デイケア利用者 15 名を対象に，週 2 日，14 週間（合計 24 回）にわたって油圧式マシンを使った運動を実施した。参加者の出席状況は 100％であり，マシンの反復速度は平均 0.71 秒（1 回に要した運動時間）であった。14 週間の終了後，10 m 歩行時間（9.5 ± 3.3 秒→8.5 ± 2.1 秒），チェアスタンド（9.5 ± 2.4 秒→9.0 ± 2.2 秒），開眼片足立ち（右：11.7 ± 10.8 秒→15.6 ± 11.4 秒，左：14.2 ± 11.2 秒→17.0 ± 12.4 秒）が有意に改善した（**表 4-2**）。運動中の事故やケガは 1 例もなく，油圧式マシンを使った運動は安全で有効な運動方法であると結論づけた。

V.　ゴムバンドを使った運動

レジスタンス運動の方法はいくつもあるが，トレーニングのためのゴムチューブやゴムバンドなどが比較的安価に市販されており，レジスタンス運動とストレッチングを組み合わせた運動に活用されている。

第4章 高齢者に対するレジスタンス運動の理論と実際

図 4-3 ゴムバンドを利用したレジスタンス運動
椅座位による運動であり，幅広い体力レベルの高齢者が実施できる．

表 4-3 ゴムバンドの伸長率と抵抗値の関係（文献 42 より引用）

伸長率	黄色	赤	緑	青
25%	0.5 kg	0.7 kg	0.9 kg	1.3 kg
50%	0.8 kg	1.2 kg	1.5 kg	2.1 kg
75%	1.1 kg	1.5 kg	1.9 kg	2.7 kg
100%	1.3 kg	1.8 kg	2.3 kg	3.2 kg
150%	1.8 kg	2.2 kg	3.0 kg	4.1 kg

伸長率は，運動開始前のバンドの長さから引き延ばした際の長さを引き，開始前の長さで除し，100 をかけて算出する．例えば 30 cm から 60 cm にまで引き延ばした場合，30 cm 引き延ばしたことになるので 100% 引っぱられたことになる（(30 cm − 60cm) ÷ 30cm × 100）．

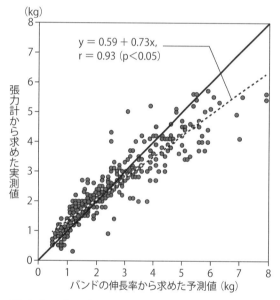

図 4-4 ゴムバンドを用いた 13 種類の運動における高齢者 221 名の筋力の予測値と実測値の関係（文献 57 より引用）
抵抗値（負荷）が高くなると予測値がやや高く見積もられる傾向がある．

名古屋市，飯田市，安来市，香春町など地域に在住する高齢者男女を対象に，地域や自宅でこの運動を 3 ヵ月間行ったところ，筋力が有意に改善または改善傾向が認められた[55]．

1．ゴムバンドの使い方

ゴムバンドは種々のメーカーから多くの種類のものが市販されているが，ここではわれわれが研究で使用したゴムバンドを取り上げる．バンドは，8 種類（8 色）あり，その選択とバンドの長さ，輪を一重にするか，二重にするかによって運動強度（負荷）を変えることができる．反復回数は概ね 10～15 回に設定する．本プログラムでは，運動習慣のない人，筋力の弱い人では黄色，慣れてきた段階で赤色，緑色，青色へと色を変え，張力（負荷）を高めるとより有効である．

表 4-3 にバンドの伸長率と抵抗値（負荷）の関係を示した[42]．例えば，赤いバンドを使って 100% 伸長させた場合，1.8 kg の抵抗（負荷）がかかることになる．また輪を二重にした場合は，その抵抗値は 2 倍になる．われ

第 4 章　高齢者に対するレジスタンス運動の理論と実際

表 4-4　バンドを利用した運動を実施する際の留意点

1. ゆっくりとしたスピードで行う，動作に反動をつけない。
2. 正しい姿勢と正しい動作を保つ。人の運動はすべて回転運動によって説明できるが，どこを支点にして運動するか，どこを動かしているかということを常に認識する。
3. 無呼吸になったり息をこらえて力まない。
4. バンドは，新しいものよりは 20 回くらい使用した後のほうが伸長力が強い。
5. バンドが劣化していないか，バンドに傷が入っていないかどうかを十分にチェックする。
6. ゴムアレルギーのある人は，直接皮膚に触らないように長そで，長ズボンを着用するなど注意が必要。
7. バンドに傷をつけるような衣服は避ける。腕時計や貴金属類もはずす。
8. 眼を保護する（特に強い抵抗を用いる人は必要）。
9. 300％以上伸ばさない（メーカーによる）。

われの調査では，抵抗値（負荷）が高くなると予測値がやや高く見積もられる傾向があるが [57]（図 4-4），一般高齢者が運動に使用する場合であれば大きな支障はない。バンドを利用する際の注意点を表 4-4 にまとめた。

2. バンド運動の実際

　図 4-5〜図 4-15 に，ゴムバンドを使った上肢・下肢のレジスタンス運動を紹介した。実施する際は，同じ運動様式，部位を続けるのではなく，全身を交互に動かすように順番を変えて行う。レジスタンス運動は，エアロビック運動と異なり，実施しなければならない時間に規定はない。1 回の動作を 3〜4 秒かけてゆっくりと繰り返す。また，息を止めてこらえるようにして実施すると血圧が亢進するので，必ず回数を数えるなどして呼吸を止めないように指導する。バンドを伸長させた後に開始時の位置までもどす場合も一気に力を抜くのではなく，力を入れた状態でゆっくりともどす。

　慣れてきたらバンドの色や長さを変え，より強い強度（負荷）にすることで効果があがる。主観的運動強度で 15〜17 くらいが妥当

な強度である。同じ運動プログラムを 4〜6 週間続けたら，新しい運動プログラムを考える。

（竹島　伸生）

VI. 虚弱者に対する自重を用いたスクワット運動

　スクワットは，膝関節および股関節まわりの筋群を強化する代表的なエクササイズであり，スポーツ選手の運動メニューにも加えられている。一方，スクワット動作はトイレや入浴の際の動作など日常生活でさまざまに使用される基本動作であり，歩行や段差を昇ったりする動作よりも大きな下肢筋力が要求される動作である [62]。福永 [16] は，スクワットを日常に取り入れた際の効果を検証し，普及運動を展開した。自重によるレジスタンス運動は，一般的に中等度の強度（負荷）として認識されてきたが [28]，鍛えたい筋や筋群に作用する負荷強度に関して不明な点も多く，効果のばらつきが大きい [2]。

　われわれは，介護保険利用者 18 名を含む 19〜90 歳の 101 名を対象（表 4-5）に，ス

51

第 4 章　高齢者に対するレジスタンス運動の理論と実際

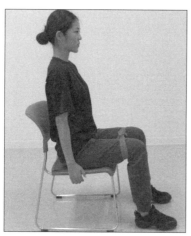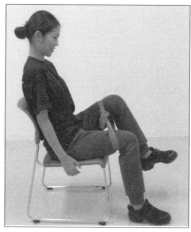

図 4-5　ゴムバンドを使ったレジスタンス運動：下肢 1（ヒップフレクション）
鍛える筋：大腰筋，腸腰筋など。
方　　法：バンドを膝上で両脚に巻き，片脚を上にもち上げる。左右交互に行う。回数はそれぞれ 10〜12 回くらいを目安にする。張力を弱くして回数を増やすと筋持久力やエアロビクスとして利用することも可能（雨などの日で戸外で歩けない場合に利用できる）。
注　　意：膝が痛い場合には無理をしない。息を止めない。バンドが擦れて痛い場合には長いズボンを履くか，タオルなどで脚をカバーする。

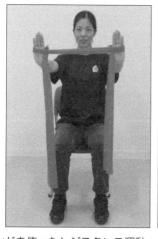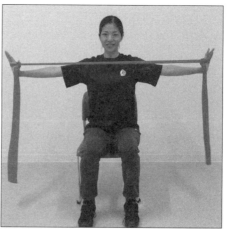

図 4-6　ゴムバンドを使ったレジスタンス運動：上肢 1（ダブルアームプルバック）
鍛える筋：僧帽筋，三角筋，広背筋。
方　　法：バンドを両手に持ち，肩の高さで前方に上げ，その位置からバンドを両手で引いて広げる。広げた手はゆっくりもどす。3〜4 秒かけて広げ，2〜3 秒かけてもとの位置にもどす。10〜12 回繰り返す。
注　　意：事前に椅子の安定を確認する。数回しかできない場合には，強度（負荷）が強すぎるので低いバンドに変える。息を止めずに，動作に合わせて呼吸する。

第4章 高齢者に対するレジスタンス運動の理論と実際

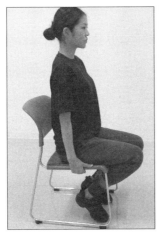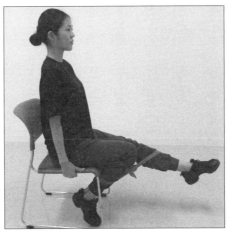

図 4-7 ゴムバンドを使ったレジスタンス運動：下肢 2（ニーエクステンション）
鍛える筋：大腿四頭筋。
方　法：両足首のあたりにバンドを結ぶ。一方の足を前に踏み出し，膝の伸展運動を行う。左右交代で行う。膝を支点とした回転運動を行っているという意識が重要。各脚 12 回くらいを目安にする。
注　意：膝が痛い場合には無理をしない。息を止めない。バンドが擦れて痛い場合には長いズボンを履くか，タオルなどで脚をカバーする。椅子の高さが適切でないと正しい動作ができない。膝が 90°の状態で足裏が床に届くような高さが望ましい。

図 4-8 ゴムバンドを使ったレジスタンス運動：上肢 2（アームカール）
鍛える筋：上腕三頭筋。
方　法：片手にバンドを持ち，同じ側の足でバンドを踏む。肘を固定した状態から腕を曲げる。曲げた手はゆっくりもどす。3〜4 秒かけて曲げ，2〜3 秒かけてゆっくりもどす。左右の手で 12 回繰り返す。
注　意：事前に椅子の安定を確認する。数回しかできない場合にはバンドの強度が強すぎるので，強度の低いバンドに変える。息を止めないで，動作に合わせて呼吸する。

第4章　高齢者に対するレジスタンス運動の理論と実際

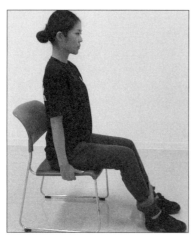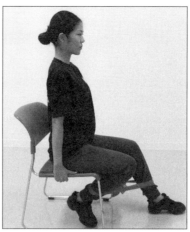

図 4-9　ゴムバンドを使ったレジスタンス運動：下肢 3（ニーフレクション）
鍛える筋：大腿二頭筋，ハムストリング。
方　　法：椅子に座った状態で両足首の上あたりにバンドを巻く。両足をやや前に出し，一方の足を後方へ引く（膝を曲げる）。前の足は動かさない。両足で実施し，各 10〜12 回を目安にする。
注　　意：膝が痛い場合には無理をしない。息を止めない。バンドが擦れて痛い場合には長いズボンを履くか，タオルなどで脚をカバーする。バンドを足首に巻いて行う場合，伸長率が高くなるので運動強度には注意し，はじめから強い負荷をかけないようにする。

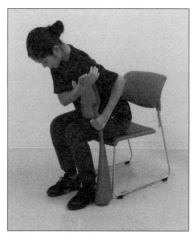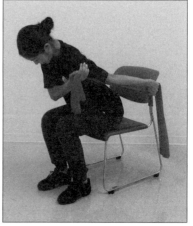

図 4-10　ゴムバンドを使ったレジスタンス運動：上肢 3（アームプルトゥーバック）
鍛える筋：上腕三頭筋。
方　　法：左の図のようにバンドを持ち，一方の手は肩の位置に置く。肩に置いた手と反対の手を後ろへ引く。伸ばした手はゆっくりもどす。3〜4 秒かけて腕を後方に伸ばし，2〜3 秒かけてもとの位置にもどす。左右各 10〜12 回繰り返す。
注　　意：事前に椅子の安定を確認する。数回しかできない場合にはバンドの強度が強すぎるので，強度の低いバンドに変える。息を止めないで，動作に合わせて呼吸する。

第 4 章　高齢者に対するレジスタンス運動の理論と実際

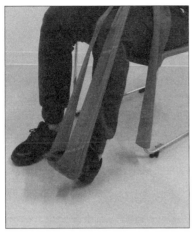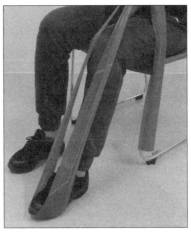

図 4-11　ゴムバンドを使ったレジスタンス運動：下肢 4（アンクルプレス）
鍛える筋：下腿三頭筋．
方　　法：両手にバンドを持ち，一方の足の裏前方にバンドをかけ，つま先を押し下げる．左右交代して行う．足のほうが強いので膝の上で両手でしっかりとバンドを支える必要がある．各足 12 回くらい行う．
注　　意：バンドを踏む（運動をする）足は，かかとをしっかりつけて行う．

図 4-12　ゴムバンドを使ったレジスタンス運動：上肢 4（バックエクステンション）
鍛える筋：脊柱起立筋，広背筋，外腹斜筋など．
方　　法：両手でバンドを持ち，両足で踏む．背中でバンドを引き上げるつもりで，やや背を反らす感じで背筋を緊張させ，背中の筋をしっかり使うよう意識して引き上げる．10～12 回を目安にする．
注　　意：両足をできるかぎり近づけた状態でバンドを踏む．背中を丸めるといためることがあるので注意する．足はかかとをしっかりつける．

第 4 章　高齢者に対するレジスタンス運動の理論と実際

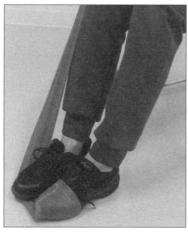

図 4-13　ゴムバンドを使ったレジスタンス運動：下肢 5（トーリフト）
鍛える筋：前脛骨筋。
方　　法：一方の足の甲にバンドを巻き，他方の足でそのバンドを踏む。バンドが巻かれている足の甲を上にもち上げてつま先を引き上げる。左右交代して行う。各足 10～12 回を目安にする。
注　　意：両足をできるかぎり近づけた状態でバンドを踏む。もち上げる足のかかとは，しっかりと床につけて行う。息を止めないように注意する。

図 4-14　ゴムバンドを使ったレジスタンス運動：上肢 5（腹筋運動）
鍛える筋：腹直筋，外腹斜筋。
方　　法：椅子に座り，膝上でバンドを巻き，腕を頭の後ろに置き，足を左右交互に引き上げる。同時にやや身体を前に曲げる感じで前に倒す。同じ側の手足，または右手と左足など交互にタッチすると外腹斜筋の運動になる。
注　　意：足を上げることだけを意識するのではなく，上体を前傾させる動作が必要。

第4章 高齢者に対するレジスタンス運動の理論と実際

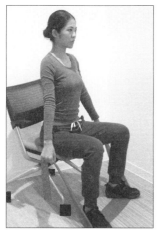

図 4-15 ゴムバンドを使ったレジスタンス運動：下肢 6（スクワット）
鍛える筋：大腿四頭筋，大殿筋．
方　　法：椅子に座り，両手でゴムバンドを持ち，両足でバンドを踏む．そこから腕の力を使わずに両脚で立ちあがる．10～12 回を目安にする．
注　　意：背中を丸めないようにする．膝と足の向く方向に注意する．つま先をまっすぐにして座っている場合は，膝も同様にする．つま先を外に向けている場合は，膝の向きも外側に向ける．膝を内側に向けて X 脚のように膝間接を捻らない．

表 4-5　対象者の年齢区分と身体的特徴（文献 13 より引用）

対象者（人数）	年齢（歳）	身長（cm）	体重（kg）
介護保険利用者（18 名）	78.2 ± 4.4	149.1 ± 7.8	49.0 ± 8.6
高齢者（28 名）	73.8 ± 5.7	156.7 ± 8.0	58.0 ± 7.6
中高年者（40 名）	45.6 ± 9.6	164.8 ± 7.6	67.1 ± 14.3
若年者（15 名）	20.4 ± 1.0	170.9 ± 7.6	71.1 ± 10.3

クワット（膝関節屈曲 45°までのクォータースクワット）動作中の大腿四頭筋の筋活動レベルを調査した[13]．介護保険利用者は，中枢性疾患などの既往がなく，単に体力の低下から単独での外出が不可能もしくは困難な高齢者であった．調査には体重あたりの膝関節伸展トルク（大腿四頭筋の筋力）と表面筋電図（EMG）を用いた．その結果，自重を負荷としたスクワット動作中における大腿四頭筋の筋活動レベルは，体重あたりの膝関節伸展トルク（大腿四頭筋の筋力）に依存していた．

また，体重あたりの膝関節伸展トルク（大腿四頭筋の筋力）と，スクワット動作中の大腿四頭筋の筋活動レベルと体重あたりの膝関節伸展トルクの関係は，膝関節伸展トルクが 1.9 Nm/kg を変曲点とする 2 相の直線で示すことができ，負の相関関係が認められた（図 4-16）．つまり，体重あたりの膝関節伸展トルク（大腿四頭筋の筋力）が低い人ほどスクワット動作中の大腿四頭筋の筋活動水準が増加するが，1.9 Nm/kg の閾値以下では大腿四頭筋の筋力のわずかな増減が，動作中の

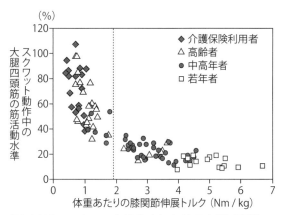

図 4-16 スクワット動作中における大腿四頭筋の筋活動水準と体重あたりの膝関節伸展トルク（大腿四頭筋筋力）との関係（文献 13 より改変）

スクワット動作中の大腿四頭筋の筋活動レベルと体重あたりの膝関節伸展トルク（大腿四頭筋の筋力）の関係は，膝関節伸展トルクが 1.9 Nm/kg を変曲点とする 2 相の直線で示すことができ，負の相関関係が認められた。

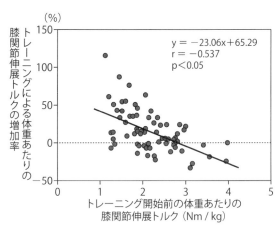

図 4-17 体重あたりの膝関節伸展トルク（大腿四頭筋筋力）の運動開始前の値とトレーニング終了後の増加率との関係（文献 63 より引用）

運動開始前の体重あたりの膝関節伸展トルク（大腿四頭筋筋力）が 2.8 Nm/kg 以上の者では，自重負荷では，大腿四頭筋に対する効果が得られなかった。

大腿四頭筋の筋活動に大きな影響を与えていることを意味する。自重負荷トレーニングでは，自重に対して下肢の筋力が低い人にとっては負荷が高くなり，反対に自重に対して筋力が高い人にとっては負荷が低くなるが，体重あたりの膝関節伸展トルクが 1.9 Nm/kg 以下（およそ自体重の 40% に相当）の人では，効果的な運動強度が得られる。体重あたりの膝関節伸展トルク（大腿四頭筋の筋力）がこの閾値を下まわってくると，立ち上がり動作で感じる主観的運動強度，すなわち「きつさ」が急激に増大する。このため，1.9 Nm/kg 閾値以上の筋力を有することが望まれる。

53～76 歳の元気な中高年女性 75 名を対象に，自重によるスクワット動作を含む 5 種目の自重負荷のレジスタンス運動を週 6 日，3 ヵ月間実施した研究もある[63]。この研究では，体重あたりの膝関節伸展トルク（大腿四頭筋の筋力）の運動開始前の値と，トレーニング終了後の増加率から，運動開始前の体重あたりの膝関節伸展トルク（大腿四頭筋の筋力）が 2.8 Nm/kg 以上の者では，自重による負荷では，大腿四頭筋に対する効果が得られなかった（図 4-17）。この研究では，高い体力（筋力）を有する人に対しては，自重による運動では限界があることを示している。以上のことから，高い体力（筋力）の人に対しては，強度（負荷）を高めるための工夫が必要であろう。

（藤田　英二）

VII. 虚弱者を対象にした運動 －座位での運動－

虚弱高齢者は，運動参加への意欲が低く[5]，

第4章 高齢者に対するレジスタンス運動の理論と実際

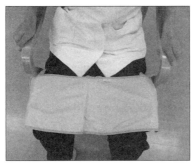
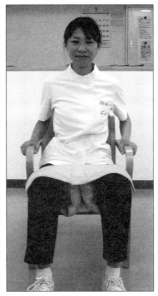

図 4-18 空気圧によって強度が調節できる股関節内外転のレジスタンス運動（文献 40 より引用）。
安定した椅子に浅く座り，空気圧式運動用器具（ミズノ）を両膝の上あたりに巻き，両脚を開いたり閉じたりする。

日常生活で常に倦怠感や不安感を感じていることから，中程度の量以上，あるいは中等度強度以上の運動を実施したり継続することが困難であり[14]，運動習慣の形成までにいたらない場合が多い。しかし，要介護者では，低負荷でも膝伸展筋力が増加したという報告もある[27,61]。そのため，簡単に実施でき，継続可能と思われる運動プログラムを用意する必要がある。マシンを利用する運動も効果的であるが，機器の使い方に慣れていない場合，十分に活用できず，具体的な運動方法も確立されていない。

座位式の運動は，移動や立位姿勢を維持できない人が多い通所リハビリテーション施設利用者のために行われることがある。われわれは，デイケアサービスで3〜4時間型の通所リハビリテーションを利用している人を対象に，ゴムバンドと携帯型空気圧式運動器具を

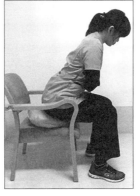

図 4-19 空気圧によって固さを調節できる座位での運動（足関節底屈力が向上）
空気を入れて座布団のように殿部に敷いて座り，上肢を前後左右に動かす。

用いたレジスタンス運動（**図 4-18**）と別の携帯型空気圧式運動器具を用いたバランス運動（**図 4-19**）を実施し，その効果を検証した[41]。いずれも週2日，12週間の指導を行った。その結果，レジスタンス運動群で足関節背屈筋

力，膝関節伸展力が有意に改善し，バランス運動群でバランス能の指標であるファンクショナルリーチの変化は認められなかったが，膝関節伸展筋力，足関節底屈筋力，片足立位時間が有意に改善した。この研究では，膝伸展運動を実施したが，先行研究と同じ程度の筋力への効果が示された。足関節背屈力に対する効果も期待でき，複数の運動の実践による効果であったと推察された。しかし，効果量（ES）は，両群のいずれの部位でも0.5以下と小さかった。効果量が小さかったとはいえ，座位運動により膝関節伸展筋力，足関節底屈筋力が有意に改善した。これは，軽度の運動であっても座位状態で前後左右さまざまな方向に姿勢を変えるために足を踏んばる必要があり，それが足関節底屈力や膝関節伸展力に対する効果が生じたものと推察された。以上より，個人差が大きい要介護者では低い強度や運動量でも筋力の改善や維持の可能性が期待できる。

(岡田　壮市，竹島　伸生)

VIII. ADL を高めるための運動

ADL（activities of daily living）とは日常生活動作あるいは日常生活活動と呼ばれ，「基本的ADL」と「手段的ADL」に分けられる。基本的ADLには食事，更衣，整容（身だしなみ），トイレの動作，入浴などの身辺動作，車いすやベッドへの移乗動作，あるいは平地歩行や階段昇降，排尿，排便時の排泄コントロールが含まれる。また手段的ADLとはバスに乗って買い物に行く，食事の支度をする，電話をかける，家計を管理するなど，基本的ADLを応用した難易度の高い動作を指す。

援助支援が必要な対象者では，基本的ADLができるようになることが目標となるが，地域で自立して暮らす対象者であれば手段的ADLの維持が中心になる。ADLの評価方法として，バーセルインデックス（Barthel index）[35]，機能的自立度評価法（Functional Independence Measure：FIM）[19]，老研式活動能力指標，ロートン[31]などが広く用いられている。ただし，これらの評価法は，主観で判断されるために，専門家によって異なる評価結果になるという危険性もある。その意味では，客観的な評価指標の作成が求められる。

独居世帯や高齢夫婦だけの世帯では，自立した生活を営み，人生の最後まで介護を受けないようにすることがきわめて重要である。加齢とともに体力は低下し，慢性疾患や機能障害を有する可能性が高くなるが，ADL能力を高く維持し，自らの身体を動かすことができること，つまり身のまわりのことが自由にできることがすべての人に望まれている。

人は50歳を過ぎる頃から筋量が毎年約1～2%ずつ減少する[36]。筋量の減少は筋の横断面積が減少していることを意味し，それに伴って筋力が低下する。筋力の低下は，高齢者の自立機能の減退に大きく影響するため，これまで運動は主に筋力づくりに主眼が置かれてきた。加齢により筋力だけでなく，筋パワー（力 × 速度）も低下する。筋パワーは30代から漸減し，60代を過ぎると年に3～4%低下し[43]，筋力の低下率より大きい。このため，高齢者における筋パワー向上の必要性が議論されている[48]。例えば，階段の昇降や移動では，筋力のみでなく筋パワーも必要

第4章　高齢者に対するレジスタンス運動の理論と実際

図 4-20　虚弱高齢者の ADL を高めるための運動
テンポを速くした音楽のリズムに合わせて、椅子からの起居やスクワットの動作を行う。

表 4-6　施設入所高齢者に対する動作速度を速めたトレーニングの内容（文献 25 より引用）

1. 準備運動（ラジオ体操第 1）
2. 足踏み運動（1 セット 15 回）× 4 セット
   膝屈伸は小さな角度からはじめ、徐々に膝関節 90°以上の屈伸による足踏みをできるだけ高速で行う。
3. 速度を意識した起居動作運動（1 セット 15 回）× 2 セット
   椅子座位からの立ち上がりまたはスクワット、動作の 2 セット目はできるかぎり高速で 15 回

＊テンポを速くした童謡に合わせて運動することを基本としたが、できるかぎり高速で起居動作を繰り返すように指導した。

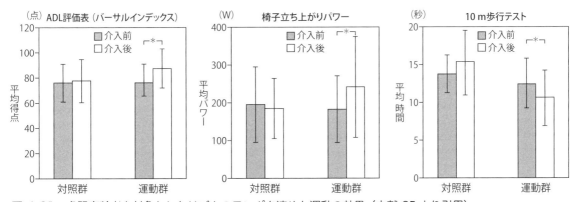

図 4-21　虚弱高齢者を対象としたリズムのテンポを速めた運動の効果（文献 25 より引用）
リズムのテンポを速めた音楽に合わせた運動を毎日 1 回（約 20 分）、12 週間指導した結果、下肢パワー、10 m 歩行時間、ADL に有意な変化が認められた。

である。また、ADL 動作の多くが時間内に実施できるか、できないかで評価されることが多い。横断歩道を渡るにも時間の制約があり、衣服の着脱についてもいつまでも時間をかけられるわけではない。こうしたことから、高齢者が安全に援助を受けず、ADL で効果的な動きを行うために、筋力だけでなく筋パワーを向上させる運動が必要とされている[20,21,49]。

われわれがこれまでに実施した動作速度に着目した運動介入の例を紹介する[24]。養護老人ホーム入所者を対象に、音楽作成ソフトを用いて歌（童謡）のリズムテンポを速くし、そのテンポに合わせられるように椅子からの起居やスクワットをする運動を毎日 1 回（約 20 分）、12 週間指導した（図 4-20、表 4-6）。その結果、下肢パワー、10 m 歩行時間および ADL に有意な変化が認められた（図 4-21）。このように、1 日あたりの運動時間は短くても運動方法の工夫により、日常生活動作を維持できるようになる。

（加藤　芳司，竹島　伸生）

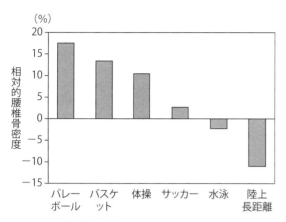

図 4-22　各種スポーツ選手の非運動群に対する相対的腰椎骨密度（文献 22 より引用）
ジャンプ動作の多いスポーツ選手は，非運動選手に比べて骨密度が高い。

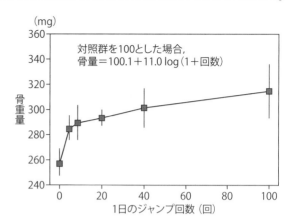

図 4-23　1 日のジャンプの回数と骨重量増加の関係（文献 60 より引用）
未成熟なラットの骨にジャンプで負荷を与えた結果，骨量および骨強度が増した。

IX. 骨密度を高めるための運動

長期間にわたるベッドレストやギプス固定などによる四肢の不活動や宇宙などの低重量環境では骨量が減少する。一方，身体活動が骨強度を高めるために有効であることは，広く認知されている。骨は歪みを感知して，歪みの大きさを常に一定に保とうとする。これを提唱したのが Frost[11]であり，メカノスタット理論という。すなわち，大きな負荷が骨に加われば歪みは大きくなり，歪みの大きさを一定に保つために骨量や骨強度を高める。反対に加わる負荷が小さければ，歪みの大きさを一定に保つように骨量や骨密度を減じて撓みやすくなる。バスケットボールやバレーボール，体操競技など着地や踏み切りに大きな衝撃が加わる動作が多いスポーツ選手の骨強度は一般人に比べて高く，特に腰椎や大腿骨近位端部の骨密度（bone mineral density）が高い（図 4-22）。

1. 動物実験より得られた骨量増量トレーニングの基本原則

骨量（bone mass）増加に効果的な負荷様式にはいくつかの基本原則がある。例えば，動的負荷のほうが，静的負荷よりも骨量増加に効果的であり[30]，短時間に閾値を越えて大きく歪むほうが，長い時間に何度も小さく歪むより効果的である[47]。また，骨に歪みを生み出す負荷は，きわめて短い時間および少ない回数でよい[59, 60]などである。Rubin ら[47]は，七面鳥の骨に，機械を用いて外部から 1 日あたり 36 回と 1,800 回の負荷を直接かけた結果，効果は同等であったことを報告をした。さらに Umemura ら[60]は，未成熟なラットの骨にジャンプで負荷を与えた結果，骨量および骨強度が増加したことを報告した（図 4-23）。

2. ジャンプトレーニングの人への応用

ジャンプなどのハイインパクト負荷によっ

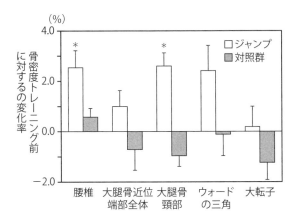

図 4-24 骨密度に対するジャンプトレーニングの効果（文献 23 より引用）
1日20回，週3回のトレーニングを行った結果，骨密度が増加した（*p<0.05）

て，局所的に人の骨量が増加することは，多くの研究により明らかにされている。バレーボールやバスケットボールなどジャンプ動作を多く含む種目のアスリートは，同年代の対照群と比べ，大腿骨頸部など大きな負荷が加わる部位の骨密度が高い。また，7〜8歳の子どもを対象に61 cmの台から1日100回，週3回の飛び降りジャンプトレーニングを7ヵ月間行わせた結果，対照群に比べ腰椎の骨塩量（bone mineral content）が有意に増加したとの研究[12]や，20代後半から30代前半の女性を対象に，高さ7〜8 cm程度の垂直跳びジャンプを毎日50回，6ヵ月間続けさせたところ，大腿骨の骨密度が対照群と比べて有意に増加したとの報告もある[3]。

人の骨に対する運動効果を考えれば，短時間で，反復回数が少ない方法を選択することは運動継続を考えるうえできわめて大きな利点である。われわれは，平均年齢20.7歳の健康な女性を対象に，1日10回，週3回の最大努力でのジャンプの効果を検証した[23]。二重エネルギーX線吸収（dual energy X-ray absorptiometry：DXA）法を用いて，腰椎と大腿骨近位部の骨密度を調べたところ，ジャンプトレーニング開始前から終了後までジャンプトレーニング群が対照群に比べ有意に高値を示した（図4-24）。

また，ハイインパクトなweight bearing exercise（体重やおもりを負荷とする運動）が骨強度増強に効果的であるのに対して，non-weight bearing exercise（体重をかけないで行う運動）についての知見も蓄積されてきた。浮力で体重が軽減される水泳選手の腰椎は，陸上長距離選手の骨塩量，骨密度より低い[7]。また，サドルに跨る自転車選手の腰椎では，陸上長距離選手と比べ実に7倍も骨減少症が多くみられ[45]，年齢や体格を考慮した一般人の対照群と比べても有意に低かった[51]。

3. 運動が骨強度に及ぼす影響

40歳を過ぎると人種や性別に関係なく，骨塩量は1年に約0.5%以上減少する。そのため，骨塩量の減少を抑えることが重要である。運動を習慣づけることで骨塩量の減少を抑制させることができるだけでなく，転倒による骨折のリスクを減らすことができる。

効果的な運動としては，体重が負荷として加わるような持久的運動，テニス，階段昇り，ジョギング，ジャンプを含む運動（バレーボール，バスケットボール），レジスタンストレーニングなどがあげられる。1日に30〜60分（体重が負荷として加わるトレーニングやジャンプを含むトレーニング，大筋群をター

ゲットとしたレジスタンストレーニングを交えて），強度は中等度か高強度で，体重が負荷として加わる持久的運動は週に3〜5回，レジスタンストレーニングは週に2〜3回実施することが望ましい。

若年者では，高強度の運動を1日に10〜20分，週に3日程度で骨強度の増強が得られる。しかし，骨塩量，骨密度が徐々に低下している中高年者では，強度はそれほど高くなくとも骨強度の維持や増進に有効と考えられる。レジスタンストレーニングや自重が運動の負荷として加わるウォーキングのようなトレーニングも含め，運動時間としては30〜60分程度実施するとよい。

4. 運動の骨強度への影響
– 投薬との比較 –

ハイインパクトなトレーニングによる骨密度や骨塩量の増加量は，若年者においてもわずかである。この増加量は，ビスホスホネート製剤の投薬による増量（〜10％程度）と比べてもかなり低い。しかし，ラットを用いた動物実験では，外的負荷により増加した骨密度や骨塩量は少なくとも，骨強度の直接的な指標となる最大破断試験の最大荷重（ultimate force）や破壊エネルギー（energy failure）値は，それぞれ64〜87％，64〜165％増加した[46]。つまり，骨は運動負荷によるストレスが大きな場所に対して局所的に適応し，わずか数パーセントの骨密度や骨塩量の増加であっても，機械的な負荷を与えた方向からのストレスに対して骨構造が効率的に強化されるのである。

新たな骨形成は，戦略的に行われ，最も必要な箇所を補強するように起こる。例えば，成人の陸上跳躍競技（走り幅跳び，走り高跳び，三段跳び，棒高跳び）選手は，pQCT法（三次元断層測定法と呼ばれ，末梢の皮質骨，海面骨の三次元的な骨構造分析に用いられる）により計測した脛骨の材料力学，または構造力学の観点から強度を最もよく表わす指標となる横断面二次モーメントは，水泳選手や対照群より大きかった[33]。横断面二次モーメントが高値を示すということは，骨強度増強に最も効果的な脛骨の外側部分に骨が形成されることを意味する。このように，運動によって得られた骨塩量や骨密度の増加は，投薬によるものより少ないが，戦略的に骨強度を補強しており，非常に有効である。

5. 閉経後の中高年女性の骨を強くするトレーニング

レジスタンス運動や有酸素性運動，ハイインパクトトレーニングやおもりや体重を負荷した運動など，多岐にわたる複合運動プログラムは，特に閉経後の中高年女性の加齢により低下する骨塩量，骨密度の維持に役立つ可能性が示唆されている[17]。

最近のレビューでは，更年期から閉経後の女性を対象にウォーキングを実施したところ，腰椎の骨密度には効果がみられないものの，大腿骨頸部の骨密度が有意に増加したことが報告された[34, 37]。中高年女性を対象に，5年間に及ぶウエイトトレーニングと平均51.7回のウエイトベストを付けた20.3 cmからの飛び降りジャンプ（週に155回）を実施したところ，対照群と比べて大腿骨頸部の骨密度が有意に増加した[51]。これにより，短

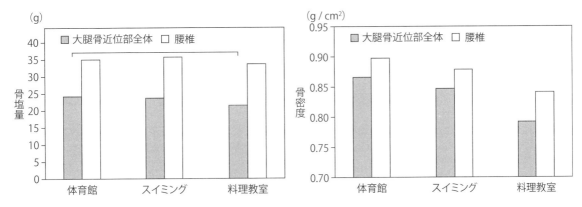

図 4-25 参加教室により群分けした閉経後の中高年女性の骨塩量と骨密度（文献 24 より引用）
年齢と体重を共変量とした共分散分析結果。体育館群の大腿骨近位部骨塩量は，料理教室群と比べて有意に多かった。骨塩量，骨密度ともに体育館群＞スイミング群＞料理教室群の傾向がみられた。

時間のジャンプトレーニングであっても中高年女性の骨には有効であるといえる。

以上のように，実験的には運動による骨密度の増加が示されている。われわれは，閉経後の健康な中高年女性で，複数年（2.5 年〜15 年間）にわたってスイミングスクールへの参加者，市立体育館が開催する運動教室への参加者，料理教室への参加者の腰椎，大腿骨近位部の骨塩量，骨密度を測定し，年齢と体重を共変量とした共分散分析を行った[24]。その結果，運動教室参加者群は，料理教室参加者群と比べて大腿骨近位部の骨塩量が有意に高値であった。群間比較からは，体育館＞スイミング＞料理教室という傾向であった[24]（図 4-25）。

年齢が高くなるにしたがって，体力など個人差が大きくなる。運動習慣があって体力の高い中高年の骨を強くするためには，より強度の高いインパクト運動が効果的であるが，体力の低い中高年には，まず体重が負荷として加わる持久的運動がすすめられる。中高年には若年者以上に個人にあった運動処方が重要である。

（加藤　尊）

第5章

高齢者に対する
柔軟運動の理論と実際

I. 柔軟運動とは

　柔軟運動とは，その名の通り柔軟性向上を目的とした運動の総称であり，アメリカスポーツ医学会（American College of Sports Medicine : ACSM）[1] は，「関節周囲の可動域を維持・向上させることを目的とした運動」と定義している。柔軟運動として一般的に広く用いられている運動方法はストレッチングである。ストレッチングは，広義では「関節可動域に関する筋や関節構成体全体に対して，他動的または自動的に伸張刺激を加えること」，狭義では「関節可動域制限の原因を意識しつつ，それぞれの原因に対して伸張刺激を行うこと」と定義されている [6]。ストレッチングには特別な機器は必要なく，1人でも簡単・簡便に行うことが可能であり，幅広い年齢層に対して適用可能である。また，さまざまなストレッチング方法 [10] があり，反動をつけずにゆっくりと筋を伸張し，その肢位を数

十秒間保持するスタティック・ストレッチング（図 5-1），反動をつけ筋を伸張するバリスティック・ストレッチング，個々の筋線維の走行および筋連結を意識した ID ストレッチング（individual muscle stretching），固有受容性神経筋促通法（proprioceptive neuromuscular facilitation : PNF）を利用した PNF ストレッチング，拮抗筋群を収縮させることで対象筋を動きの中で伸張するダイナミック・ストレッチング（図 5-2）などがある [6]。これらストレッチング以外にも，ヨガなどの関節を最大可動範囲まで動かすような運動も，柔軟運動として用いられている。どの運動方法においても，筋および関節構成体に対して伸張刺激を加えることで関節可動域の向上を図るものであるが，それぞれの運動方法によって関与する生理学的要因が異なるため，対象者の状態や期待する効果を踏まえて，適切な運動方法を選択する必要がある。

図 5-1　健常若年者に対するハムストリングスのスタティック・ストレッチング方法
立位をとり，股関節内・外旋中間位にて右踵部を台に乗せ，膝関節伸展位のまま股関節を屈曲させることで，ハムストリングスを伸張することができる。この肢位を数秒から数十秒保持する。

図 5-2　健常若年者に対するハムストリングスのダイナミック・ストレッチング方法
立位をとり，膝関節伸展位のまま股関節屈筋群を収縮させ，最大可動域まで下肢を前方へ振り上げることで，ハムストリングスを伸張することができる。1セットを 10～15 回程度とし，数セット繰り返す。

II. 高齢者に対する柔軟運動

　高齢者では柔軟性が低下することが知られている。Vandervoort ら [11] は足関節背屈可動域が（図 5-3），中ら [8] は体幹回旋および長座体前屈が加齢に伴って低下することを報告した。このことから，高齢者の柔軟性を維持・向上させるために，柔軟運動を行うことが重要となる。ACSM ならびに ACSM とアメリカ心臓協会（American Heart Association：AHA）の共同発表による高齢者における柔軟運動の指針を表 5-1 に示した [1,9]。高齢者が普段の身体活動および日常生活に必要な柔軟性を維持するためには，①1 日に最低 10 分以上の柔軟運動を少なくとも週に 2 日以上の頻度で，②10 段階の主観的運動強度スケールで 5～6 に相当する中等度の強度で，③反動をつけるようなバリスティックな運動よりもスタティックな運動を用いて各大筋群を伸張することで柔軟性を維持・向上するような運動を推奨している。このように，高齢者の柔軟性を維持・向上させ，健康づくりと健康寿命延伸につなげるためには，柔軟運動を習慣的に実施することが必要である。

　実際に，高齢者を対象に，柔軟運動，特にスタティック・ストレッチングの効果を検証した報告が多数なされている。例えば，Johnson ら [5] は，高齢女性の下腿三頭筋に対し，60 秒のスタティック・ストレッチングを 1 日 4 回，週 5 日，6 週間継続した結果，足関節背屈可動域が有意に向上したと報告した（図 5-4）。このことから，スタティック・ストレッチングは，高齢者の柔軟性向上に対して有効な運動方法であると考えられる。さ

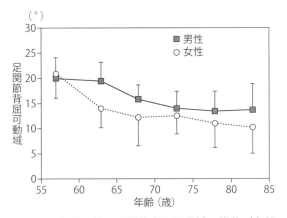

図 5-3 加齢に伴う足関節背屈可動域の推移（文献 11 より改変）
男女ともに，加齢に伴い足関節背屈可動域が低下している。

表 5-1 ACSM，ASCM および AHA の共同発表に推奨されている高齢者に対する柔軟運動（文献 1，9 より作成）

頻度	少なくとも週に 2 日以上の頻度で，1 日最低 10 分以上
強度	10 段階の主観的運動強度スケールで 5～6 に相当する中等度の強度
種類	反動をつけるようなバリスティックな運動よりもスタティックな運動を用いて各大筋群を伸張することで，柔軟性を維持・向上するような活動

ACSM[1]，ASCM および AHA の共同発表[9] ともに，高齢者に対する柔軟運動は，少なくとも週に 2 日以上実施するよう推奨している。

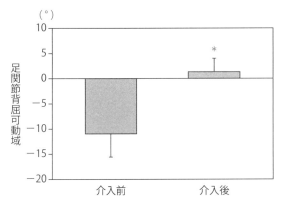

図 5-4 柔軟運動による足関節背屈可動域の変化（文献 5 より作図）
高齢女性の下腿三頭筋に対し，60 秒のスタティック・ストレッチングを 1 日 4 回，週 5 日，6 週間継続した結果，足関節背屈可動域が有意に向上した。*$p<0.05$ vs. 介入前。

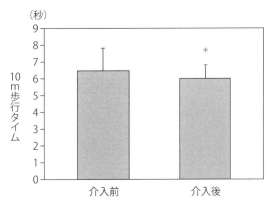

図 5-5 柔軟運動による 10 m 歩行タイムの変化（文献 4 より作図）
高齢女性の下腿三頭筋を対象に，15 秒のスタティック・ストレッチングを 1 日 10 回，週 3 日，8 週間継続した結果，10 m 歩行のタイムが有意に低下した。*$p<0.05$ vs. 介入前。

らに，Cristopoliski ら[3] は，高齢女性の下肢筋群に対する 60 秒のスタティック・ストレッチングを 1 日 4 回，週に 3 日，4 週間継続した結果，介入群において股関節および足関節の関節可動域が増加するとともに，歩行時のステップ長ならびに歩行速度などの歩行能力が有意に改善したことを報告した。加えて，Gajdosik ら[4] は，高齢女性の下腿三頭筋を対象に，15 秒のスタティック・ストレッチングを 1 日 10 回，週 3 日，8 週間継続した結果，足関節背屈可動域ならびに最大背屈角度での抵抗感が有意に増加し，同時に 10 m 歩行の

第 5 章　高齢者に対する柔軟運動の理論と実際

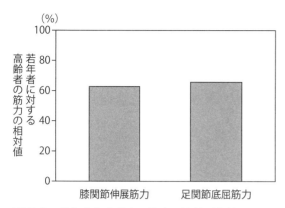

図 5-6　若年者と高齢者の筋力の比較（文献 7 より改変）
高齢者の膝関節伸展および足関節底屈筋力は，若年者の 60％程度まで低下している。

タイムが有意に低下したことを報告した（図5-5）。これらのことから，高齢者に対する習慣的な柔軟運動は，柔軟性のみならず歩行能力を改善させ，結果として身体活動量の維持・向上ならびに健康寿命の延伸につながると考えられる。そのため，いかに柔軟運動を継続して実施できるかが重要なポイントとなる。

III.　柔軟運動時の留意点

　高齢者においては，柔軟性以外にもさまざまな機能が低下しており，柔軟運動を行う際には注意を要する。例えば，Kubo ら[7]は，平均年齢 26 歳の若年者群と平均年齢 70 歳の高齢者群の膝関節伸筋群および足関節底屈筋群の筋厚ならびに筋力を比較した。その結果，どちらも高齢者群が有意に低値を示し，高齢者群の筋力は若年者群の 60％程度であった（図 5-6）。Bohannon ら[2]は，20 歳から 79 歳の対象者の片足立位保持時間を測定した。その結果，年齢と片足立位保持時間の間に直線的な負の相関関係が認められた。このように，加齢に伴って柔軟性や筋力，バランス能力が低下した高齢者にとって，図 5-1，図 5-2 に示したような健常若年者と同じ肢位での柔軟運動を行うことは，転倒のリスクが高く非常に危険である。そのため，高齢者が柔軟運動を実施する際には，椅子座位や床座位，臥位をとることで重心を低くしたり，立位で実施する際には壁や手すりなどでしっかりとバランスをとることが重要である。さらに，柔軟運動を実施する際に，つまずくような障害物はないか，床は滑りやすくないかなど，運動実施前にしっかりと環境を整備をすることも大切である[12]。以上のように，高齢者が柔軟運動を実施する際には，安全を十分に確保することが重要である。

　運動を実施する環境の安全確保に加え，高齢者に対する柔軟運動実施中のさまざまなリスクを軽減するために，柔軟性低下が生じている要因や対象筋および対象関節の状態，疾患の有無などを把握することも重要である。高齢者に生じている柔軟性低下が筋の伸張性低下によって生じているのか，それとも脳血管疾患に起因する痙性によって生じているのかによって，アプローチする点が異なる。また，対象筋や対象関節に痛みや炎症が生じている場合には，柔軟運動によって過度なストレスをかけることで，症状が悪化する可能性もある。人工股関節全置換術後には，脱臼を防ぐために禁忌とされている肢位がある。このような情報をしっかりと把握し，高齢者に対する柔軟運動の実施条件について，最も安全かつ効率的に効果が得られるものを考案し，適用する必要がある。

ACSM によって高齢者に対する習慣的な柔軟運動の実施が推奨されているものの，高齢者の関節可動域に対する柔軟運動の効果を検討した比較試験が少ない。どのような運動をどれくらいの頻度や強度で行えば最も安全かつ効果的であるのかなどが明らかにされておらず，効果を裏づけるためのエビデンスが不足している[1]。ACSM と AHA の共同発表における柔軟運動のエビデンスレベルも同様である[9]。高齢者に対する柔軟運動の効果を裏づけ，より効果的な方法を体系づけるためには，質の高い研究を行い，エビデンスを蓄積することが重要であり，今後の研究の発展に期待したい。

（鈴木　重行，松尾　真吾）

第6章

高齢者に対する
バランス運動の理論と実際

I. 転倒予防を目指すバランス運動とは

　転倒は，高齢者が自立できなくなる要因であり，転倒しないように予防策をたてることが世界的に重要になっている。転倒する要因のなかで最もリスクが高いのは筋力の低下であり，筋力を向上させることで転倒を予防することができる[2]。また，高齢者に対する運動処方ガイドラインでは，転倒予防のためにバランス運動が重要であるとされている[1,5,6]。

　バランスとは，床面に対して垂直に身体の安定を維持できることを指す。つまり，うまく立てるということを意味する。このバランス能には，三半規管などの前庭系感覚機能，視覚情報（眼），体性感覚系，脳などの深部あるいは高次機能が複雑に関与している（図6-1）[7]。換言すれば，視覚系，前庭系，体性感覚系の加齢に伴う機能低下がバランス能力の低下に大きく関与しており，さらに筋萎縮，歩行能力，神経感覚機能の低下が加わることによって転倒リスクがいっそう高まるのである。このため，バランス能を高めるための運動は，前庭系，体性感覚系，開眼および閉眼によるもの，足裏の感覚系などに焦点をあて

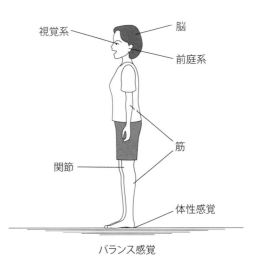

図 6-1　バランス能に影響を与える要因
バランス能には，三半規管などの前庭系感覚機能，視覚情報（眼），体性感覚系，脳などが複雑に関与している。

第6章 高齢者に対するバランス運動の理論と実際

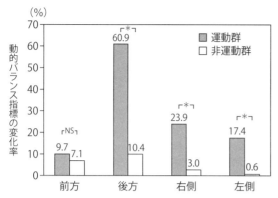

図 6-2 12週間のバランス運動による動的バランス指標の変化（文献3より引用）
フォームパッドなどを利用したバランス運動を12週間にわたって実施した結果，安定性の限界値の最高到達点（MXEcomp）が21.6％改善し，特に後方と左右への動的バランス指標の改善が大きかった。

たもの，筋力補強，増強のための運動からなる。

Islamら[3]は，バランス運動を3ヵ月間実施した際の効果を検証した。この研究では，健常高齢者を対象に，フォームパッドなどを利用した特別なバランス運動を12週間にわたって指導した。その結果，安定性の限界値の最高到達点（MXEcomp）が21.6％改善し（図6-2），特に後方と左右への動的バランス指標の改善が大きかった。また，バランス能が低下している高齢者に対して同じく12週間の運動指導を行った結果，介入前 55.5 ± 11.0％であったMXEcompが 75.2 ± 14.3％へと有意に改善した[4]。以上の結果より，適切なバランス運動を実施することにより，動的なバランス能は改善するといえる。また，高齢者は横方向や後方への転倒によって骨折が起こっていることを踏まえれば，後方への安定性が高まることの意義は大きい。

バランス能の改善には，筋力の維持増強も必要である。加齢に伴う筋量減少と筋力の低下により転倒のリスクが増加する。転倒予防のためのレジスタンス運動では，単に筋力増加を目的とするのではなく，歩行時の障害物を乗り越える能力，バランスを崩した際の回復に必要な筋力の維持や神経と筋の調節などを含めた運動プログラムが必要である。

II. 至適な運動の組み立て方

バランス運動を実施する前に，**表 6-1** のような簡単なバランスチェックを実施し対象者の状況を把握し，やや難しいと感じるバランス運動からはじめるとよい。ただし，難しいと感じる運動はケガの危険もあるので十分に注意する。

バランス運動の代表的なものとして片足立ちなどから指導をはじめる場合が多い。しかし，人が地球上で片足で立つということは，健常者でもきわめて難度が高く，初心者や高齢者の転倒予防教室などで最初から取り入れるものではない。

事前に行ったバランスマスター（どの方向でバランス能が弱いかがわかる）やファンクショナルリーチ（簡単なバランス指標）などの結果があれば，対象者のバランス能の現状を把握でき，より有効なプログラムの作成につながる。基本的には静的バランス運動に慣れてきたら，重心位置を移動させたり，前後左右に動く（または歩く）などの動的なバランスプログラムを導入する。また，運動の組み立て方としては，やさしいものから難度の高いものへとすすめることが必要である（**表 6-2**）。さらに，膝曲げ，後ろ歩きと方向変換，

第6章　高齢者に対するバランス運動の理論と実際

表 6-1　バランス運動開始前のチェック項目

開　眼	両足（肩幅）で立ち，その姿勢を 10 秒間維持できますか？
開　眼	両足揃えで立ち，その姿勢を 10 秒間維持できますか？
開　眼	両足揃えで立ち，頭を前後左右にゆっくり動かしながら 10 秒間維持できますか？
閉　眼	両足（肩幅）で立ち，その姿勢を 10 秒間維持できますか？
閉　眼	両足揃えで立ち，その姿勢を 10 秒間維持できますか？
閉　眼	両足揃えで立ち，頭を前後左右にゆっくり動かしながら 10 秒間維持できますか？
開　眼	セミタンデム立ち（図 6-5）で，その姿勢を 10 秒間維持できますか？
開　眼	セミタンデム立ちで，頭を前後左右にゆっくり動かしながら 10 秒間維持できますか？
閉　眼	セミタンデム立ちで，その姿勢を 10 秒間維持できますか？
閉　眼	セミタンデム立ちで，頭を前後左右にゆっくり動かしながら 10 秒間維持できますか？
開　眼	タンデム立ち（図 6-5）で，その姿勢を 10 秒間維持できますか？
開　眼	タンデム立ちで，頭を前後左右にゆっくり動かしながら 10 秒間維持できますか？
閉　眼	タンデム立ちで，その姿勢を 10 秒間維持できますか？
閉　眼	タンデム立ちで，頭を前後左右にゆっくり動かしながら 10 秒間維持できますか？
開　眼	片足立ちで，その姿勢を 10 秒間維持できますか？
開　眼	片足立ちで，頭を前後左右にゆっくり動かしながら 10 秒間維持できますか？
閉　眼	片足立ちで，その姿勢を 10 秒間維持できますか？
閉　眼	片足立ちで，頭を前後左右にゆっくり動かしながら 10 秒間維持できますか？

横歩き，タンデム歩き，かかと歩き，つま先歩き，座り立ちなどの動作を徐々に加えるとよい。

バランス運動の最中に，動作とまったく関係のない語りかけ（例えば，「朝何を食べましたか」とか計算をさせる）をすることで認知機能，脳に対する刺激が加わり，難度が増しより有効である。

硬い床面でのバランス運動は比較的容易にできるが，支持面が柔らかくなるほど立位姿勢を保持することが困難になり，体性感覚（立っている場合には足裏）の刺激もより高まる。バランスパッド，座布団，ふとんなどを利用して実施したり，砂の上や石畳などでの運動も有効である。

いずれにしても難度を徐々にあげることで運動効果がより高まるが，あまり慌てて難度

表 6-2　バランス運動の組み立て方

「遠位」から「近位」へ（手を利用するなど）
「支持あり」から「支持なし」へ
「開眼」から「閉眼」へ
「頭を動かさない」から「頭を動かす」へ
「固い床面」から「柔かい床面」へ
「小道具なし」から「小道具使用」へ
「静的」から「動的」へ
「単純」から「複雑（注意力）」へ
※バランス能の低い人は，転倒の危険あるため 1 人で実施させない

をあげると転倒することもある。安全性への配慮と転倒へのリスク管理が重要である。特に，虚弱者やバランス能の低下が著しい人では，壁や姿勢の補助がすぐにできる位置で行う。座位で実施しても，殿部の体性感覚が鍛えられるという研究もある。座位でも身体を前後左右に動かすと，足の底屈力が高まるという結果も得られており，筋力の改善も期待

第6章　高齢者に対するバランス運動の理論と実際

図 6-3　地域住民を対象にしたバランス運動の実際
地域の公民館を利用して行った。

図 6-4　地域住民を対象にしたバランス運動の実際
このように片足立ちでバランスをうまくとれるようになるには3ヵ月程度はかかる。

できることから、必ずしも立位でなければならないということではない。しかし、われわれが試みたかぎりでは、座位でのバランス能の改善は、立位よりも明らかに小さい。また、日常生活で転倒が生じるのは主に立位でのときが多いので、できる限り運動プログラムも立位で行うことが望ましい。

III. バランス運動の実際

実際にわれわれが指導してきたバランス運動の実際を紹介する。**図 6-3** は地域住民を対象に公民館で行った指導の様子である。**図 6-4** のように、片足で立ち、バランスをうまくとれるようになるには、少なくとも3ヵ月程度はかかる。そのため徐々にプログラムを変えていく工夫が必要である。

はじめは立位姿勢で足の位置を肩と平行に立った状況から、足を揃えた状態（**図 6-5A**）へ、さらにセミタンデムスタンス（**図 6-5B**）からタンデムスタンス（**図 6-5C**）へと難度をあげていく。立位姿勢を保持する際に転倒の不安がある場合は、椅子などを使って指や腕で支持させるとよい（**図 6-6**）。その後、慣れてきたら支持なしで立ち、頭を動かす動作を行う（**図 6-7**）。これは前庭系へ刺激を与えるためのもので、上を向いたり、下を向いたり、頭をまわすなどの動きを行う。次に、眼を開ける、眼を閉じるなどの視覚情報の有無による運動を行う（**図 6-8**）。この運動を行う場合は、身体の揺れを大きく感じるため、指や腕を椅子などに触れさせ身体を支持することが必要である。さらに、身体の重心を前後左右に動かしてみる（**図 6-9**）。最終的には、最も

第 6 章　高齢者に対するバランス運動の理論と実際

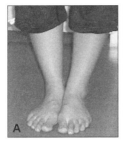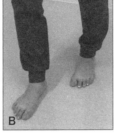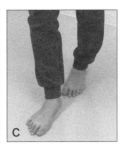

図 6-5　足の位置を変えて足裏の体性感覚を鍛える
A：両足を揃える。B：セミタンデムスタンス。両足の幅をやや広げ，足を前後に位置させる。C：タンデムスタンス。完全に足を前後にして立つ。

図 6-6　立つことが不安な人は手や指で支える
転倒の不安があり，立位姿勢を保持するのが難しい場合は，椅子などを支えにして実施するとよい。

図 6-7　頭を動かして前庭機能を刺激する
慣れてきたら支持なしで立ち，頭を動かす動作を行う。これは前庭系への刺激を試みるもので上を向いたり，下を向いたり，頭をまわすなどの動きを行う。

77

第6章 高齢者に対するバランス運動の理論と実際

図 6-8 視覚を遮断する
次に眼を開ける，眼を閉じるなどの視覚情報の有無による運動を行う．その際，身体の揺れを大きく感じるために椅子などを支えとして利用するとよい．

図 6-9 重心位置を動かして動的バランス運動を実施してみる
身体の重心を前後左右に動かす．

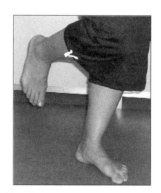

図 6-10 片足立ち
3ヵ月程度かけると片足立ちができるようになる．

図 6-11 手と足を使ったバランス運動
立位姿勢が維持できない場合には，床の上で手や足の位置を変えてもよい．

第6章 高齢者に対するバランス運動の理論と実際

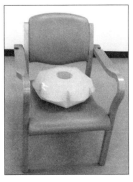 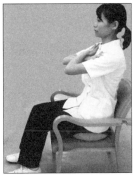  

図 6-12 座位でのバランス運動
左写真は空気圧クッション。立位姿勢が維持できない場合は，椅子に座って運動してもよい。

図 6-13 道具を使用した少し難度が高いバランス運動
慣れてきたら，ゴムバンドを利用したり，スクワット動作を加える。

図 6-14 動的バランス運動のタンデム歩行
床面が硬い場合と柔らかい場合で難度が異なるので調整する。

難しいバランス動作である片足で立つ（**図 6-10**）ことを目標とする。ただし急ぐ必要はなく，この動作は3ヵ月のプログラムであれば最後の段階でできればよい。

立位姿勢を維持することが困難な場合には，床の上で手や足の位置を変えたり（**図 6-11**），椅子に座って運動することも可能であるが（**図 6-12**），立位姿勢と同様の効果が得られるかどうかは明らかではない。しかし，われわれの研究では，椅子に座ったバランス運動では足を踏ん張る必要があるため，底屈力が有意に改善した例もあり，転倒予防のリスク軽減につながる可能性がある。できる範囲で動かすことが重要である。静的なバランス運動では，慣れてきたら足の位置を変えたり，ゴムバンドなどを用いてアンバランスな状況をつくったり，スクワット動作などを組み入れるとよい（**図 6-13**）。

動的なバランス運動としては，タンデムスタンスの位置から，前後に歩けばタンデム歩行となる（**図 6-3B**，**図 6-14**）。硬い床面と柔らかい床面では難度が異なるので調整すると

79

第6章 高齢者に対するバランス運動の理論と実際

図 6-15 集団で行うバランス運動
道具を使用したり運動の方法を変化させることで，少しずつプログラムの質を高めるとよい．仲間と集団で行う運動は楽しく，継続できる可能性も高くなる．

よい．

個々の運動は，簡単な動作のように思われるが，高齢者の場合，個人差が大きく，それぞれに合った運動方法を具体的に例示できることが望ましい．また，**図 6-15** に示すように，道具を使用したり運動の方法に変化をもたせることで，少しずつプログラムの質を高めるとよい．仲間と集団で行う運動は楽しく，継続できる可能性も高くなる[7]．

（竹島　伸生）

第7章

心理・社会的効果を得るための運動方法

I. 運動の実践による心理的効果と運動の継続

1. 心理的側面からみた運動の重要性と運動方法

技術の進歩により生活は便利になった。しかしその反面，携帯電話やインターネットなどのコミュニケーションツールは，われわれの生活を複雑にしてストレスとなっている。また，現代におけるさまざまな社会問題もストレスを生み出している。2013年厚生労働省が発表した国民生活基礎調査によると，入院者を除く12歳以上の48.1%が日常生活での悩みやストレスを感じている[9]。われわれは経験的に，身体活動や運動を活発に行うことでストレスが発散でき，心理的にプラスの影響を及ぼすことを知っている。運動心理学領域では，運動の実践による心理的効果について多くの研究が行われており，その効果が認められている（**表7-1**）。

心理的効果のなかでも特に，運動の実践による不安感を減少させる効果について多くの研究が行われている。これらの研究では，運動の内容，時間，運動頻度などにも言及しており，一度だけ運動を行った時の心理的効果（短期的効果）と運動を継続することによる心理的効果（長期的効果）に分けられている。不安感の減少や安寧などのための運動方法を以下にまとめた[16]。

表7-1 運動の心理的効果（文献16より引用）

運動により 向上する心理的要因	運動により 減少する心理的要因
学業成績	アルコール依存
積極性	怒り
自信	混乱
精神の安定	うつ
記憶	頭痛
知覚	恐怖症
ボディイメージ	テンション
自己自制	タイプA行動
労働効率	不安
性生活	

第7章 心理・社会的効果を得るための運動方法

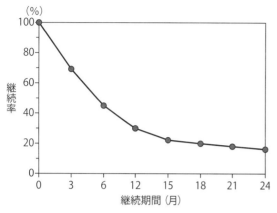

図7-1 運動の継続の難しさ（文献16より引用）
運動開始から半年後には約50％の人がやめてしまい、その後18ヵ月後までは継続率は大きく変動しない。

- 長期にわたる運動の継続は、短期間の運動よりも心理的安寧に大きな効果をもたらす。
- 過去の研究では、有酸素性運動の実践による不安感の減少には最大心拍数の70％くらいの運動強度が必要とされていたが、最近の研究では、最高心拍数の30〜70％の運動強度で心理的な効果が得られるとされている。レジスタンストレーニングなどのアネロビクス運動においては、最高心拍数の30〜50％でムードの改善が認められた。
- どのような運動時間においても不安感を減少させる効果があるが、30分以上の中等度の運動を行えばより心理的な効果が得られる。
- 不安傾向の強い人に対しては、運動を実践することで大きな不安感の減少効果がある。一方、不安傾向が弱い人に対しても運動の実践によって不安感が減少する。

- 不安感の減少には必ずしも身体的な改善は必要としない。
- 運動を実践して不安感が減少しても24時間後にはもとのレベルにもどる。4〜6時間でもとのレベルにもどる人もいる。
- 運動の種類（エアロビクス、アネロビクス）、運動時間、運動強度には関係なく、運動を実践することによって不安感は減少する。
- 性別、年代、フィットネスレベルに関係なく、運動を実践することで不安感が減少する。

2. 運動を継続するために：楽しさ、自律的動機づけが継続の要因

運動を実践することで多くの心理的効果が認められているが、運動を継続して実践している人は多くない。2013年に内閣府が行った調査によると、週3回以上運動を実践している割合は30.1％で、平成になってからは年々増加傾向にあるが、1ヵ月に1〜3日が22.6％、3ヵ月に1〜2日が10％、年に1〜3日が7.2％と、運動を継続している人はまだまだ少ない[12]。運動により心理的効果を得るために必要な運動の継続に焦点を当てて施策を検討する。

3. なぜ運動に参加するのか

運動を行っていない人や運動から得られる十分な恩恵を得ていない人たちをどのようにして運動に参加させるかは、運動指導者にとって最初の難関である。運動に参加している人は、さまざまな理由によるが、まずは運動による多様な効果について伝える必要がある。

典型的な運動参加の理由は，①体重のコントロールのため，②心臓疾患のリスク軽減のため，③ストレスの軽減のため，④楽しみを得るため，⑤社会との繋がりをもつため，となっている。運動を開始する最初の理由は，身体的な恩恵を得るためであるが，継続するには楽しみを得るために参加するという理由に変化している（このことについては「7. 運動継続行動における理論」の項で詳しく説明する）。

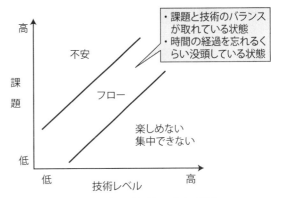

図7-2 フローモデル（文献1より引用）
実践する運動課題が能力に比べて難しすぎると不安が生じ，能力に比べて簡単すぎると飽きてしまう。

4. なぜ運動しないのか

運動を実践することで身体的，心理的，社会的効果が認められているが，多くの人は行っていない。運動を実践しない主要な理由として①時間がない，②エネルギーがない，③モチベーションがわかない，という3つがあげられている。この3要因はすべて施設の問題などの環境的な要因ではなく個人的な理由である。つまり，これらの要因は自分自身でコントロールできることであり，運動を実践するために認知を変えることができることを示している。

5. 運動を継続することの難しさ

過去に運動を実施してない人が運動を開始したら，次の課題はどのようにして継続するかである。多くの人が運動を開始するが，継続することは非常に難しい。図7-1に示したように，運動を開始してから半年後には約50％の人がやめてしまい，その後18ヵ月後までは継続率は大きく変動しない[16]。Dishmanら[3]は，運動を開始して心理的・身体的な効果を感じながら半年以内に半分の人がやめてしまう原因について言及した。彼らによると，運動を半年以内にやめてしまった理由は，運動を開始した時点で運動を継続するための障害となることを予測し対応する方法を知らなかったためであるとしている。つまり，不活発な生活に逆もどりすることを防ぐための自主管理することのスキルを獲得していなかったためである。運動内容の観点から継続ができなかった理由としては，運動の内容が生理的な効果を求めることに重点が置かれ，運動継続への動機づけが高められなかったことがあげられている[16]。これらの研究から，運動を指導する者は，継続を促すために心理的な観点も考慮したプログラムを作成しなければならないといえる。

6. 楽しさを感じる運動内容（プログラム）

誰もが運動を実践しているときに「楽しさ」を感じ夢中になり，没頭することを経験したことがあると思われる。このような意識の状態をCsikszentmihalyi[1]は「フロー（flow）」

第7章 心理・社会的効果を得るための運動方法

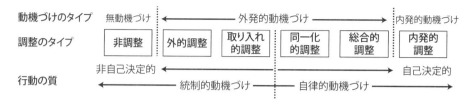

図7-3 自己決定連続体（文献2より引用）
人間の動機づけは，自己決定のレベルによって「内発的動機づけ」，「外発的動機づけ」，「無動機づけ」の連続体上にあるものと位置づけられている。この理論において外発的動機づけも自律性の程度によって4つに区別されている。内発的動機づけに近いほうから「総合的調整」，「同一化調整」，「取り入れ的調整」，「外的調整」と名づけられている。

と呼んだ。このような状況では，運動を実践することへの動機づけが外的報酬を得ること（金銭や名声を得ること）ではなく，参加者が楽しさを求めてスポーツ自体をすることを目的としている。すなわち，内発的動機づけによって身体活動（運動）をしている。フローが生じる第一の条件は，自分のスキル（技能）や能力と挑戦課題が適切であることである（**図7-2**）。能力に比べて課題が難しすぎると「不安」が生じ，逆に能力に比べて課題が簡単すぎると飽きてしまう。つまり，運動指導者は，対象者の運動の楽しさや内発的動機づけを高めフローの経験ができるように，参加者の能力を見きわめて対象者にあった課題を設定することが必要である。例えば，トレーニングの指導をしているときの運動強度が課題の1つとしてあげられる。運動強度が適切であるとフローの状態を導き出す。逆に，運動強度が高すぎると動機づけが低下しやめてしまうことがある。

7. 運動継続行動における理論

運動を開始し継続を促すための心理的な理論的モデルが研究されている。ここでは運動参加を促す理論として注目されている自己決定理論の観点から検討する。自己決定理論とは，内発的動機づけに関する理論を発展させたものであり，行動に対して自律的（自己決定）であるかどうかが人間の動機づけに大きな影響を与えるとしている[2]。つまり，行動に対して自己決定性が高いかどうかが重要である。自己決定理論の基本概念として，人間の動機づけは，自己決定のレベルによって「内発的動機づけ」，「外発的動機づけ」，「無動機づけ」の連続体上にあるものと位置づけている。この理論において外発的動機づけも自律性の程度によって4つに区別されている。内発的動機づけに近いほうから「総合的調整」，「同一化調整」，「取り入れ的調整」，「外的調整」と名づけられている（**図7-3**）。自律性が高まるにつれて内発的動機づけに近づくと考えられている。内発的動機づけに近い「総合的調整」は自身の価値観と行動や活動を行う価値観が一致している段階であり，その行動に取り組みたいと思える。運動参加の状況では，運動すること自体を目的としてはいないが，運動によって得られる知識や能力の獲得などを目的として参加している。「同一化

的調整」は行動や活動に対する価値を認めている段階であり，個人的な重要性から自律的に行動する動機づけである。つまり，運動に参加することは重要であり，自分自身を高めるよい方法であると感じている。「取り入れ的調整」はその行動や活動に対する価値は認めている段階であるが，外部からの統制に従う段階である。例えば，運動をしなければ罪悪感を感じるので参加するという状況である。「外的調整」は報酬や罰などの，外部からの統制に従う段階の動機づけである。医者や家族などから運動を取り入れるべきだといわれるから参加している状況である。運動心理学の領域において，運動への参加を自己決定理論の枠組みを用いて活発な議論が行われている。渡辺ら[15]は，10年間にわたり継続的に地域型運動を行っている住民17名を対象として，運動継続の要因についてインタビューを実施し，質的研究法を用いて分析した。運動の開始は大学による12週間にわたる介入研究がきっかけであった。90歳の男性が以下のように動機づけの変化を述べている。

（運動開始時：外的調整）
　"最初のころは義務的な気持ちがあり少し抵抗がありました"
（2～3年前：同一化的調整）
　"歳をとるごとに運動の重要性がわかってきました"
（最近：内発的調整）
　"まー，体操（運動）の日を一番楽しみにしております。からだを動かすのが楽しみです"

　時系列的な観点から運動の開始は外的調整

であるが，継続するにつれて運動の重要性を認知し，最終的には運動の楽しさを感じるようになり，継続が可能になった例である。つまり，運動参加者の自律的な動機づけが養われることによって継続行動が可能になったのである。これは，運動を継続するためには，「楽しい」と感じることが必要であることを示している。さらに，自己決定理論において活動への自律的動機づけを高めるための心理的欲求として「自分に能力があるということを認識したいという欲求：有能さ」，「自分で自分の行動を決定したいという欲求：自律性」，「指導者や仲間との関係や結びつきをもちたいという欲求：他者との関係性」の3つをあげており，これらが満たされることによって自律的な動機づけが高まるという。換言すれば，より自律的な動機づけを高めるためには，これらの心理的欲求が充足されることが求められるということになる。運動に参加し，継続する動機づけがない場合は，3つの心理的欲求のすべて，もしくはいずれかが充足されていない状況であることが考えられる。

　Edmundsら[4]は，自己決定理論の概念を用いて心理的欲求と運動に対する自己決定性の関連性について包括的に検討した。その結果，性差，年齢，地域特性などにかかわらず「有能さ」，「自己決定（自律性）」，「他者との関係性」を満たすことが自己決定を高め，運動行動に影響するという自己決定理論を支持している。

　さらに自己決定理論から，心理的欲求を充足させることで自律的な動機づけが高まり，運動を継続することが示されている。もちろん継続には運動実践者の動機づけを高めるこ

第 7 章　心理・社会的効果を得るための運動方法

表 7-2　自律性支援の成分と心理的欲求との関係（文献 13 より作成）

成分	具体例	心理的欲求
構造	指導者が目標や期待を明確に伝える 最適な挑戦の機会を提供する 適切なフィードバックを与える 努力や進歩をほめる 運動実践者に合わせた指導を行う	有能さへの欲求
自律性支援	運動実践者に選択の機会を提供する 運動実践者に意見を聞いたり，運動実践者の意見を尊重する 運動実践者を意思決定に参加させる 指導者の価値を運動実践者に押しつけない	自律性への欲求
関与	運動実践者に注意し関心を示す 運動実践者に肯定的感情をもつ 自らの能力や知識を運動実践者に提供する 特定の運動実践者をひいきしない 性格や能力にかかわる批判をしない	関係性への欲求

とが必要であるが，運動指導者が行う働きかけは，運動実践者の心理的欲求の充足を促すうえで大きな影響を与える。自己決定理論では，他者からの働きかけを自律性支援としてモデル化している。このモデルは，「社会的要因（自律性支援）→心理的欲求の充足→動機づけ→動機づけ結果」から構成されている。運動指導者が運動実践者の自律性を支援する指導を行えば，運動実践者の心理的欲求を充足させ運動に対する動機づけが高まる。

運動実践者の欲求の充足と動機づけに影響する指導者の自律性支援には，構造，自律性支援，関与の 3 つの要因があり，それぞれの要因が心理的欲求の充足に対応している。**表7-2** に自律性支援の要因と心理的欲求の関係，指導での具体例を示した [14]。自己決定理論に準じて運動実践者の動機づけを高める指導とは，運動実践者に対して 3 つの心理的欲求を充足させる支援を行うことである。

以上，この節では心理学的な観点から，運

動の実践による効果と継続するための施策について紹介した。運動を実践することで多くの心理的効果が認められており，心理的効果を得るための運動内容も明らかにされている。運動を継続するためには，運動の効果を認知し楽しさを感じることが必要である。つまり運動に対する自律的な動機づけ（内発的調整）が必要である。運動指導にかかわる人は，自律的な動機づけを促す指導をする必要がある。

（渡辺　英児）

II.　サステナビリティのための運動

わが国では，東京や一部の地域を除き人口減少が進んでおり，生活の持続性（sustainability）が憂慮されている。2016 年（平成28 年）国民生活基礎調査（厚生労働省）によると，全国の世帯総数は 4,994 万 5 千世帯であり，1955 年は平均世帯人員は 5 人で 2016年では 2.47 人へと減少し，核家族化が一段と進んでいる [9]（**図 7-4**）。なかでも高齢者世

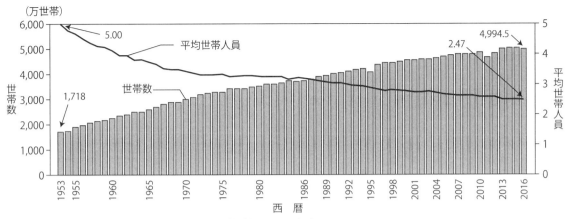

図7-4 世帯数と平均世帯人員の年次推移（文献9より引用）
注：①1995年の数値は兵庫県を除いたもの，②2011年の数値は岩手県，宮城県，福島県を除いたもの，③2012年の数値は福島県を除いたもの，④2016年の数値は熊本県を除いたものである。

帯の構造は，「単独世帯」が624万3千世帯（高齢者世帯の26.3％），「夫婦のみ世帯」が746万9千世帯（同31.5％）となっている。さらに，年齢階級別に家族形態をみると，「75歳以上」の人は「65～74歳」の人に比べ，「単独世帯」が年々増加し推計6,243千人（18％）となっている（表7-3）。このような社会背景では，これまでに長く機能していた社会の最小単位である家族制度は崩壊し，いかに地域で住民が相互扶助，共生できるかが大きな課題となっている。そのために住民の生活を支える組織的な支援も必要であり，健康の保持増進という視点からは，地域医療やまちづくりに対するハードとソフトの整備がきわめて大きな関心事となっている。

最近では，スマートウエルネスシティ（http://www.swc.jp/about/about2/）と呼ばれ，「歩きたくなるまちづくり」や「自然に日常の身体活動量を高める」ことなどをスローガンに，人生の最後まで住み続けるようなまちづくりを目指す地方自治体の首長たちによる研究会が発足している。それぞれの自治体で住民生活のあり方を再考し，施策を考案していく姿勢は評価できるが，狭い国土とはいえ，日本列島は細長く，かつ四季のある地域でさまざまな人々が生活しており，一様に進めることは困難であろう。

近年，世界的に地域型運動（community-based exercise：CBE）と呼ばれる様式の運動が普及してきている（第9章を参照）。PubMedなどの情報検索から，CBEは2000年あたりから急増している（図7-5）。CBEは，1991年にKlngら[7]が発表したのが最初のようであり，その有効性と限界が示されている。その後多くの報告がみられるが，Yanら[17]は，ロサンゼルス市内に住む過去に運動習慣のなかった黒人，ヒスパニック，白人の高齢者を対象に，24週間の介入指導した。その結果，参加率が93％と高く，有効な運動様式であったと報告した。Farranceら[5]は，1995～2014年の間の6ヵ月以上継続した地域型運動の研究をレビューした結果，参

第7章 心理・社会的効果を得るための運動方法

表7-3 65歳以上の者のいる世帯の世帯構造の年次推移（単位：千世帯）

年次	65歳以上の者のいる世帯（全世帯に占める割合）（構成割合）	単独世帯（構成割合）	夫婦のみの世帯（構成割合）	親と未婚の子のみの世帯（構成割合）	三世代世帯（構成割合）	その他の世帯（構成割合）	65歳以上の者のみの世帯（構成割合）
1986	9,769 (26.0) (100)	1,281 (13.1)	1,782 (18.2)	1,086 (11.1)	4,375 (44.8)	1,245 (12.7)	2,339 (23.9)
1989	10,774 (27.3) (100)	1,592 (14.8)	2,257 (20.9)	1,260 (11.7)	4,385 (40.7)	1,280 (11.9)	3,035 (28.2)
1992	11,884 (28.8) (100)	1,865 (15.7)	2,706 (22.8)	1,439 (12.1)	4,348 (36.6)	1,527 (12.8)	3,666 (30.8)
1995	12,695 (31.1) (100)	2,199 (17.3)	3,075 (24.2)	1,636 (12.9)	4,232 (33.3)	1,553 (12.2)	4,370 (34.4)
1998	14,822 (33.3) (100)	2,724 (18.4)	3,956 (26.7)	2,025 (13.7)	4,401 (29.7)	1,715 (11.6)	5,597 (37.8)
2001	16,367 (35.8) (100)	3,179 (19.4)	4,545 (27.8)	2,563 (15.7)	4,179 (25.5)	1,902 (11.6)	6,636 (40.5)
2004	17,864 (38.6) (100)	3,730 (20.9)	5,252 (29.4)	2,931 (16.4)	3,919 (21.9)	2,031 (11.4)	7,855 (44.0)
2007	19,263 (40.1) (100)	4,326 (22.5)	5,732 (29.8)	3,418 (17.7)	3,528 (18.3)	2,260 (11.7)	8,986 (46.6)
2010	20,705 (42.6) (100)	5,018 (24.2)	6,190 (29.9)	3,836 (18.5)	3,348 (16.2)	2,313 (11.2)	10,188 (49.2)
2013	22,420 (44.7) (100)	5,730 (25.6)	6,974 (31.1)	4,442 (19.8)	2,953 (13.2)	2,321 (10.4)	11,594 (51.7)
2014	23,572 (46.7) (100)	5,959 (25.3)	7,242 (30.7)	4,743 (20.1)	3,117 (13.2)	2,512 (10.7)	12,193 (51.7)
2015	23,724 (47.1) (100)	6,243 (26.3)	7,469 (31.5)	4,704 (19.8)	2,906 (12.2)	2,402 (10.1)	12,688 (53.5)

注：①1995年の数値は兵庫県を除いたものである。②「親と未婚の子のみの世帯」とは、「夫婦と未婚の子のみの世帯」および「ひとり親と未婚の子のみの世帯」をいう。

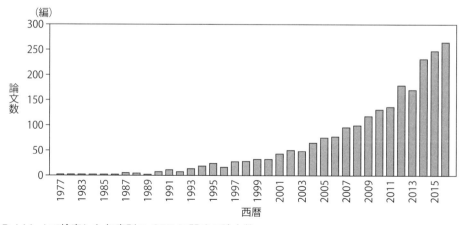

図7-5 PubMedで検索した年度別のCBEに関する論文数
2000年ごろより地域型運動（community-based exercise：CBE）に関する論文数が増えてきている。

第7章 心理・社会的効果を得るための運動方法

加率は平均 69.1%（SD：14.6%）であったと報告した。Kingら[7]は，CBEによって高齢者の体力が改善することが認められたものの，心疾患のリスクなどを軽減するまでにはいたらなかったとしている。しかし，最近では2型糖尿病をもつ高齢者を対象とした地域型運動も積極的に行われてきている[10]。加えて，地域型運動は経済的にも安価であることが指摘されている[11]。このように，CBEは地域住民の体力や健康づくりへの有用性，経済的メリット，運動参加率や継続率の点から有効なものとみられる。

こうした運動様式が生まれてくる背景は，地域での相互扶助や矯正のツールとして運動やスポーツが利用でき，コミュニケーションなども含めて地域社会で集団様式での健康づくりが有効なものになるという見解が支持されている結果といえよう。

ここでは，われわれが10年以上CBEに取り組んだケースを紹介する[6,8]。旧広瀬町（現安来市）が，当時の名古屋市立大学竹島研究室に協力を依頼し，運動による健康づくりのモデル地域として地区を選択し，住民が集まりやすい公民館を基点として運動の場を提供した。しかし，2002年頃はまだ多くの人が外的調整による動機づけが多かったため，実際の教室の参加率は平均38%（19～67%）と高くはなかった。これは，該当地域には農林業の従事者が多く，日中労働をしており，さらに身体を動かす必要性を感じないという人が多かったことが原因と考えられた。

2003年より公民館を拠点に12週間のCBE教室をはじめて開催した。その結果，得られた心身への運動効果を維持したいという

図 7-6　島根県旧広瀬町でのウエルビクス教室の表彰状
運動教室が活発に継続されていることに対して，島根県から表彰された。

参加者の思いや運動要求から，その後住民同士（また住民のみ）が主体的に運営を行えるようになった。そして，この公民館を中心にした週2回のCBEは，すでに10年を超えて続いている。図7-6はこの運動教室が活発に継続されていることに対して，島根県から表彰された賞状である。参加者数は多少の変動があるが，2003年に参加した32人のうち20人（62.5%）が10年間，運動を継続していた。これらの人の1年間あたりの全開催日数に対する出席率は68±16%（34～100%），1ヵ月あたりの出席回数は5.5±1.5（2.7～9.1回）であった。

CBE教室開始から10年後に参加者の機能的体力を測定したところ，アームカール，チェアスタンド，シットアンドリーチ，バックスクラッチ，2.44mアップアンドゴーは，10年前と比べ有意な低下がみられなかった。また，筋力，下肢の柔軟性も低下していなかった。長期にわたるCBEの効果を示すものである[6]（表7-4）。通常のCBE運動教室に加

第7章　心理・社会的効果を得るための運動方法

表7-4　長期（10年）にわたり地域型運動に参加している住民の体力の縦断的変化（文献6より引用）

機能的体力項目	運動開始前	開始3ヵ月後	開始10年後	相対的変化率（開始3ヵ月後から10年後の間）	F値
アームカール（回/30秒）	27.8 ± 6.1	27.5 ± 5.3	26.7 ± 8.5	−3.0（年−0.3%）	F (2, 16) = 0.62 p = 0.491（ns）
チェアスタンド（回/30秒）	27.9 ± 8.1	27.3 ± 6.4	25.8 ± 8.1	−5.8（年−0.6%）	F (2, 16) = 1.87 p = 0.179（ns）
シットアンドリーチ（cm）	19.2 ± 9.9	18.4 ± 7.9	18.6 ± 11.0	+1.1（年+0.1%）	F (2, 16) = 0.09 p = 0.897（ns）
バックスクラッチ（cm）	−4.6 ± 11.7	−7.3 ± 12.9	−10.9 ± 17.2	−49.3（年 4.9%）	F (2, 16) = 10.79 p = 0.001
12分間歩行（m）	1,098.0 ± 116.3	1,126.1 ± 142.3	947.6 ± 199.6	−18.8（年−1.9%）	F (2, 16) = 15.72 p = 0.001
アップアンドゴー（秒）	5.0 ± 2.1	4.7 ± 1.9	6.4 ± 4.6	−36.2（年−3.6%）	F (2, 16) = 4.95 p = 0.037
ファンクショナルリーチ（cm）	31.8 ± 7.7	33.5 ± 7.0	27.3 ± 9.4	−22.7（年−2.3%）	F (2, 16) = 6.08 p = 0.007

アームカール：男性8ポンド，女性5ポンドのダンベルを30秒間で何回上げられるか，チェアスタンド：高さ42cmの椅子で座り立ち動作を30秒間で何回できるか，シットアンドリーチ：椅子に座り，一方の足を伸ばして指先を天井に向け，その指に両手の第3指が届くかまたは超えるかの距離を測定，バックスクラッチ：一方の手を上から背部へ，他方の手を脇から後方へもっていき，両手第3指間の距離を測定，アップアンドゴー：椅子から立ち上がり2.44m先のコーンをまわって最初の位置に座る時間を測定。

えて他の地域でも運動を行っている人もおり，住民への運動指導をしている人もいた。現在では，自宅からより通いやすい集会所や自宅を解放して運動が実践されている。初期の運動指導では，外発的動機づけが大半であったが，その後に内発的動機づけへと変化したものと思われる。1人で運動を続ける人は多くないことから，通いやすい場を設定したことが習慣化に有効であったと思われる。この教室は，専門家もいない住民同士の運動であるが，それでも体力の低下を遅らせることができることが示唆されており，その意味でも有効な運動様式といえる。

都会では，虚弱になれば広い横断歩道を渡ることもできず，外出を控え，結果として孤立した生活を強いられることになる。実際，

われわれが名古屋市西区で取り組んだ転倒予防教室で参加者を募集した際，希望者が1人もいなかった。それは，コミュニティセンターまでの道が広く，横断歩道を渡ることができないためであった。そのため，通いやすい道を考え，結果的に小学校の特活室を借りて12週間の運動教室を開催した。

一方，地方では人口の減少で限界集落が増え，町や村が消えていくことが憂慮されている。こうした社会では，1つのことに地域住民同士で取り組むことが生活のサステナビリティを維持する手段となり，あらためてCBEの意義が認められる。このように，高齢者の運動も工夫次第で個人のみならず，集団や地域の活性化を図るためのツールとなる。

（北林由紀子，竹島　伸生）

第8章

高齢者にすすめられる
ウエルビクス運動の実際

I. ウエルビクス運動の
組み立て方と実際

前述のように，健康づくりのための運動では，これまで動脈硬化性疾患のリスクの軽減が重要視されてきたため，有酸素性運動が推奨されてきた。有酸素性運動の代表的なものがウォーキングであり，2000年前後まではすべての人に歩くことがすすめられた。しかしその後，健康体力に関連する要因は多岐にわたるため，1998年のACSM（アメリカスポーツ医学会）[1]の運動処方ガイドラインにみられるように，有酸素性運動に加えてレジスタンス運動，柔軟運動の3つを複合的に行う必要性が示された。以降，世界中の運動処方ガイドラインでは well-rounded exercise（複合運動）の実践が推奨されている。さらに，高齢者では転倒予防のためのバランス運動が加えられ，4種類の well-rounded exercise の実践が必要とされている[13]（**表8-1**）。

Barnetら[2]は，高齢者の転倒予防を目的とした地域型運動を実施した結果，バランス能の改善と転倒リスクが軽減したことを報告した。以降，これまでに多くの介入研究の結果が発表されている[4, 10, 11]。また，セラバンドアカデミーの主宰者であるPage[14]は，転倒予防のために"Standing strong fall prevention program（力強く立つことを目指す転倒予防プログラム）"を推奨している。このプログラムは，バンドを使ったレジスタンス運動を最初は座位で，慣れてきた立位姿勢で行い，最終的にはバランス運動を立位で行うものである。これによって，筋力のみならず，

表8-1 高齢者に必要な運動（ウエルビクス運動）

運動	目的
有酸素性運動	全身持久性の向上
レジスタンス運動	日常生活動作の維持
柔軟運動	自立した生活の維持
バランス運動	転倒予防

表 8-2 椅座位でのレジスタンス運動と立位でのレジスタンス運動＋バランス運動の効果の違い（文献 24 より引用）

	椅座位レジスタンス運動群（25 名）		立位レジスタンス運動＋バランス運動群（27 名）		有意差
	ベースライン	運動後	ベースライン	運動後	
アームカール（回/30 秒）	22.4 ± 2.5	25.8 ± 3.7	22.4 ± 3.3	25.5 ± 4.1	＊
チェアスタンド（回/30 秒）	20.8 ± 3.1	23.2 ± 4.0	20.4 ± 3.2	23.6 ± 4.7	＊
重心動揺速度（°/秒）	1.04 ± 0.33	0.97 ± 0.34	0.98 ± 0.28	0.83 ± 0.18	＊＊
安定性の限界値（％）	87.2 ± 12.9	89.3 ± 9.6	93.7 ± 8.7	93.4 ± 7.2	なし

＊：繰り返しのある ANOVA で経時効果が有意（$p < 0.05$），＊＊：繰り返しのある ANOVA で経時効果と群間で有意な傾向があり（$p < 0.10$）。

前庭系，体性感覚系にもよい効果が得られることをねらいとしている。また，個人の指導前の能力やその後の様子に見合ったレベル（実際には本人が少し難しいと感じる課題や運動量，強度を設定する）で行うことが望ましいとしている。Tomiyama ら[24]は，椅座位でのレジスタンス運動群と立位でのレジスタンス運動＋バランス運動群の効果を検討した。その結果，筋力は同様に改善したが，バランス能については立位でのレジスタンス運動＋バランス運動群のほうが効果が高かった（**表8-2**）。集団で行う運動であっても運動の内容は個々の目的に合った処方を組み立てることが重要である。

　一定の期間で複合運動を実践する場合をコンバインドエクササイズと呼び，1 度に複数の運動を行う場合をコンカレントエクササイズと呼ぶ。われわれが，高齢者に対して指導したノルディックウォーキングにおいてもポールを強く地面に着いて推進力を生む動作を取り入れた場合には，有酸素性能力だけでなく，上肢の筋力が同時に高まることが確認されており，短時間でもウエルビクス運動の効果を得ることが期待できるコンカレントエク

ササイズの 1 つの様式といえる。しかし，高齢者を対象としたノルディックウォーキングの介入研究では，3 ヵ月間で筋力や全身持久力の改善が認められたものの，バランス能に対する効果には有意な変化が認められなかった[21]。これは，ポールを使用することで姿勢の安定性が確保され，倒れやすい状況にならないために，バランス運動としての効果が小さかったものと考えられる。

II. コンバインドとコンカレントによる運動

　Well–rounded exercise（ウエルビクス）は，さまざまな組み合わせと方法が考えられる。Yamauchi ら[28]は，地域在住高齢者を対象に週に 1 日コミュニティーセンターでの歩行，レジスタンス運動，柔軟運動の指導と，家庭での実践を併用した 12 週間の地域型運動の効果を検証した。その結果，機能的体力への効果が認められ，コンバインドエクササイズの有効性を示した（**表 8-3**）。このような一定期間における複合的な運動の効果については，多くの研究で有効性が報告されている。

表 8-3 コンバインドエクササイズを用いた地域型運動の機能的体力に対する効果（文献 28 より引用）

	エクササイズ群 ベースライン	運動後	絶対値の変化	対照群 ベースライン	運動後	絶対値の変化	ANOVA
アームカール（回/30秒）	18.8 (3.4)	22.2 (3.9)	3.4	21.8 (4.1)	21.9 (4.3)	0.1	$F(1, 38) = 16.08$ $p<0.05$
チェアスタンド（回/30秒）	20.0 (4.6)	21.2 (3.8)	1.2	22.2 (3.8)	21.1 (4.1)	−1.1	$F(1, 38) = 4.33$ $p<0.05$
アップアンドゴー（秒）	4.8 (0.5)	4.2 (0.4)	−0.6	4.5 (0.5)	4.3 (0.6)	−0.2	$F(1, 38) = 17.00$ $p<0.05$
バックスクラッチ（cm）	−4.5 (12.3)	−4.3 (12.8)	0.2	−2.7 (9.0)	−4.9 (9.6)	−2.2	$F(1, 38) = 6.05$ $p<0.05$
シットアンドリーチ（cm）	2.1 (9.6)	9.5 (11.6)	7.4	2.6 (15.8)	9.5 (15.8)	0.3	$F(1, 38) = 12.25$ $p<0.05$
12分間歩行（m）	1,136 (255)	1,223 (254)	87	1,125 (94)	1,146 (160)	21	$F(1, 38) = 12.25$ $p<0.05$

（ ）内は標準偏差。

Gine-Garriga ら[7]は，認知のやや低下した虚弱高齢者を対象に，バランス運動と下肢の運動（主にレジスタンス運動）の複合運動をサーキット形式で 12 週間指導し，筋力とバランス能へのウエルビクス運動の効果を実証した。

ほかにも 1 回のセッションで複数の種類の運動を同時に行う方法もあり，レジスタンス運動とエアロビクスを行う PACE（programing aerobic and anaerobic circuit exercise）と呼ばれる方法もある。

III. サーキット運動

1 回のセッションで複数の運動を併用して行うコンカレントエクササイズの有効性が報告されている。Takeshima ら[22]は，油圧式マシンを用いた PACE 運動（図 8-1）により，30 分間のサーキット運動の効果を検証した。その結果，全身持久性（最高酸素摂取量，乳

図 8-1 油圧式マシンを用いたサーキット運動
30 分のサーキット運動（1 つのステーションで 30 秒）でマシンを使用したり，ダンスや自転車，ステップなどの運動を行う。

酸性閾値），上下肢の筋力に対する効果が認められた（図 8-2，図 8-3）。また，体脂肪，高比重リポタンパクコレステロールの改善も認められた。また，移動が可能なセラバンドステーションを配置し，PACE 運動と同様にサーキット運動を指導した結果，同様の効果が認められた。以上より，サーキット運動は，短時間で多くの指標に改善が得られる有効な

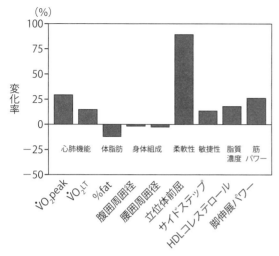

図 8-2 高齢者に対する PACE トレーニングの効果（文献 22 より引用）
全身持久性体力ほか全般的に改善効果がみられた。

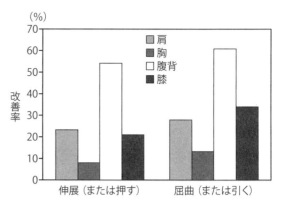

図 8-3 高齢者に対する PACE トレーニングの効果（文献 22 より引用）
上肢筋力，下肢筋力ともに効果がみられた。

運動方法といえる（Imai ら，未発表）。しかし，運動効果の特異性が生じるため，目的に合わせたプログラムを立て，指導することが重要である。

IV．水中運動

水中運動では，一般に水泳が代表的な運動と思われるが，水中での歩行やダンス，リラクゼーション，水治療およびサーフィンやダイビングなど多岐にわたる。水中運動の歴史は古く，古代ギリシャ時代に行われていた水治療からはじまるとされる。

人が水中に入ると，浮力によって体重が軽減できる。また，浮力・水圧・粘性抵抗といった水の特性を利用して，陸上と異なる運動ができるという長所もあるため，陸上競技選手などでは神経-筋機能向上のための新しいトレーニング法として注目され，利用されている。

水中運動が高齢者の至適な運動方法として取り上げられている。これは，高齢者は膝や腰などに整形外科的障害を有する人が多く，陸上での運動では支障や困難を生じる場合が多いためである。浮力によって水中での関節への負荷が軽減でき安全に運動が行える[3, 12]。しかし，水中では自由に動くことができるものの，陸上に比べて運動量の調節や強度の設定に限界がある。そのため，水中運動に関する研究では運動の再現性が難しく，水中運動を定量化するといった科学的なアプローチがやや困難であり，陸上運動に関する研究と比べるとそれほど多くはない。

これまで，陸上運動との比較を目的として，特に単一様式（エアロビクス，またはレジスタンス運動など）を用いた水中運動のトレーニング効果が検討されてきた。Broman ら[5]は，健常な高齢女性（平均年齢 69 歳）を対象に，週 3 回，1 回 45 分の水中でのランニングを用いたエアロビクス運動を 3 ヵ月間実

施した効果を検証した。その結果，運動群では，非運動群と比べ安静時および運動中の心拍数低下（8%低下）と最大酸素摂取量の増加（10%増加）が認められた。

　水中でのレジスタンス運動としては，Tsourlou ら[25]は健常な高齢者（平均年齢69歳）を対象に，週3回，1回60分間，道具を利用した水中での筋力トレーニングを6ヵ月間行い，大腿四頭筋，大胸筋の筋力（3RMで評価）が25%増加したことを示した。桂ら[9]も健常の高齢者（平均年齢69.3歳）を対象に，週3回，1回60分の水中運動（歩行が主体）を3ヵ月間実施したことによって，下腿三頭筋の筋力が有意に増加し，移動能力や敏捷性（アップアンドゴーテスト）に改善が認められたことを報告した。このように，水中運動による筋力トレーニングの効果が示されている。また，水中トレーニング後に重心動揺の改善が認められたとする報告もあり[6]，バランス運動としての有用性も期待できる。

　これらの水中での単独の運動方法での効果に加え，ウエルビクス運動としての有効性が示されている[23]。また，渡辺ら[27]は，健常高齢者（平均年齢69歳）を対象に，週3回，1回70分のエアロビクス（リズム運動や歩行）と筋力トレーニングからなる複合型の水中運動を3ヵ月間実施した際の効果を検証した。その結果，最高酸素摂取量，筋力の有意な改善が認められた。

　高齢者の自立維持や介護予防が重要視されており，生活動作をシミュレーションする運動様式を用いて自立訓練を図ることが注目されている。これは，ADLトレーニングまたは

Functional taskトレーニングと呼ばれる。これまで，この種の運動の多くが陸上での実施を中心に考えられてきたが，最近ではアメリカを中心に水中下でのADLトレーニングが試みられている。ゴールデンウェーブというプログラムがその1つである[18]。このプログラムは，水中運動のメリットを最大限に生かして行う方法であり，その効果も実証されている[17, 18]。Sanders ら[18]は，60歳以上の高齢女性48名（平均年齢74 ± 14歳）を対象に，週3回，1回45分で16週間にわたる水中運動により，柔軟性，起居動作，歩行速度，歩幅，敏捷性，上肢筋力，静的バランスに有意な改善が認められたことを示した。このように，高齢者に対しては，水の抵抗や浮力を利用し，かつ生活で必要な動作や活動を水中でシミュレーションした運動を行うことで，生活機能の維持向上が図られている。今後，こうした新しい観点からの水中運動プログラムの導入が必要である。また，ゴールデンウェーブプログラムに従い，高齢女性を対象に12週間の水中運動を指導したところ，機能的体力〔アームカール（22%），チェアスタンド（21%），アップアンドゴー（13%），シットアンドリーチ（50%），12分間歩行（15%）〕が有意に改善した[17]。しかし，バランス能には改善が認められず，運動効果の特異性も指摘された。いずれにしても目的にあった運動を行うことが重要であり，効果を最大限に得ることが求められる。

（竹島　伸生）

第8章　高齢者にすすめられるウエルビクス運動の実際

図 8-4　ノルディックウォーキング
改良したクロスカントリースキーのポールを突きながら歩くスポーツである。

V. ノルディックウォーキング

1. ノルディックウォーキングとは何か

　クロスカントリースキーのポールをウォーキングに適したように改良し，そのポールを突きながら歩くスポーツをノルディックウォーキングという（図 8-4）。この運動は，1930年代はじめにフィンランドのクロスカントリースキー選手が夏場のトレーニングとしてポールを持ってハイキングやランニングを行ったことからはじまる。このトレーニング方法は全身運動であり，かつ動作形態も酷似していることからクロスカントリースキー選手にとってとても有益なものとして考えられており，クロスカントリースキー選手の主たるトレーニング方法の1つになっている。

　1980年代に入ると，フィンランドではポールを使用したウォーキングが一般の人々の間でも実施されるようになり，健康運動として着目されるようになった。いつでもどこでも簡単に行えるというところが注目された。

　1990年代に入ってからは，2本のポールを持って歩く方法を Exerstriding という名前を用いて，ノルディックウォーキングの研究がアメリカで行われた。また，フィンランドでも健康への効果という視点から研究がなされるようになった。現在のノルディックウォーキングというスタイルは1996年に端を発し，フィンランドの野外レクリエーションスポーツ協会，スポーツ研究所，およびスポーツメーカーが三者共同事業として1997年にノルディックウォーキング専用ポールの開発を行い，このスポーツをノルディックウォーキングと命名した。1998年以降にフィンランド野外スポーツセンターが世界ではじめてインストラクターマニュアルを作成し，人材養成を行った。2000年には，国際的にノルディックウォーキングを普及させるために国際ノルディックウォーキング協会 (International Nordic Walking Association : INWA)（後に Federation に改名）が設立され，世界各国で共通理解のもと，各国マスコミにも大きく取り上げられ，普及されてきた。2016年現在，世界でおよそ1,000万人の愛好者がいる。わが国でも INWA 加盟団体として日本支部（JNFA）が2007年に立ち上がり，世界共通の指導メソッドに基づいて，普及活動に従事している。北欧や中央ヨーロッパ諸国と比較すると日本のノルディックウォーキング普及率は低いものの，少なくとも5万人以上の愛好者が存在すると推定されている。

2. ノルディックウォーキングの特徴

　ノルディックウォーキングの最も特徴的な点は，同一速度の通常歩行と比較して，エネ

ルギー消費量が高いことである。Hendrickson[8]は，スキーのポールを特別に改良してトレッドミル上で歩けるようにし，ポールを持った場合と持たない場合とを比較した。対象者は日頃トレーニングをしている男性16名（平均年齢22.1歳）（$\dot{V}O_2max$が59 mL/kg/分）と女性16名（平均年齢23.9歳）（$\dot{V}O_2max$が50 mL/kg/分）であった。トレッドミル上で速度6〜7.5 km/時で歩行させたところ，男女差は認められなかったものの，ポールを持った場合では酸素摂取量，心拍数，エネルギー消費量が，ポールを持たない場合と比較しておそよ20%高かった。また，Porcariら[15]も同じような実験から，ポールを持った場合では，持たない場合に比較して，酸素摂取量が32%，心拍数が16%，エネルギー消費量が22%高かったことを認めた。その時の主観的運動強度（RPE）は，ポールを持つと1.5ポイント高くなった。性別による差異は認められていない。

ノルディックウォーキングでは心拍数が高くなり，酸素摂取量が多くなることが報告された。Rodgersら[16]は，24歳の日常的によくトレーニングしている女性を対象に，ポールを持った場合と持たない場合の歩行中のエネルギー消費量を検証した。その結果，ポールを持たない場合の$\dot{V}O_2max$（有酸素パワー）18 mL/kg/分に対して，ポールを持った場合には21 mL/kg/分とおよそ1.2倍，心拍数は122拍/分に対して133拍/分と1.1倍，さらに30分間の歩行中のエネルギー消費量は141 kcalに対して174 kcalと1.2倍高かったことを報告した。一方，主観的運動強度はあまり変わらなかった。

このように，ノルディックウォーキングは通常のウォーキングに比較して酸素摂取量，心拍数が高くなり，単位時間内でよりエネルギーを消費できる有効な有酸素性運動である。これはノルディックウォーキングでは使用する筋群が多くなることと，上半身を用いることによる反射の影響が考えられる。

体重をポールに分散させることができることから，下肢関節への負荷が軽減されることも大きな利点である。つまり，膝関節，股関節，腰などに優しい運動といえる。2本のポールはバランスを維持するのにも役立ち，虚弱な高齢者や下肢関節疾患をもつ者にとっては歩行の手助けとなる[22]。

特別な運動習慣がなかった健常高齢者を対象にノルディックウォーキングを12週間実施した研究がある。竹田ら[20]は90分の運動を1週間に1日，仙石ら[19]は60〜70分の運動を1週間に3日実施した。その結果，上肢および下肢の筋力と柔軟性，全身持久性が改善した[19, 20]。このことから，ノルディックウォーキングは有酸素性運動とレジスタンス運動の両方の効果が得られ，複合運動として有効なものであるといえる。

3. ノルディックウォーキングのリハビリテーションとしての効用

心疾患（冠動脈疾患）患者を対象に行った研究もある。Walterら[26]は，男性冠動脈疾患患者14名（平均年齢61歳）を対象に，8分間歩行を休みをおいて2回行わせた。1回目は通常歩行で，2回目に500 gのポールを持たせてノルディックウォーキングを行わせた。いずれの場合も対象者は狭心症などの症

状が出ない範囲での最大速度で歩行した。い
ずれの患者も心臓のバイパス手術や血管形成
術を行っていたり，心筋梗塞を経験していた。
その結果，ノルディックウォーキングでは，
通常歩行に比較してエネルギー消費量が平均
で21%，心拍数が14拍/分，収縮期血圧の
最大値が16 mmHg と拡張期血圧の最大値が
4 mmHg 高いことが観察された。この血圧の
上昇は好ましいものではないが，血圧が高く
なっても酸素脈（心臓自体のエネルギー消費
量の指標）には変動がなかったことから，ノ
ルディックウォーキングが心疾患者の運動療
法としても適しているとした。

　以上のように，ノルディックウォーキング

がいかに安全で効果的なスポーツであるかが
よくわかるであろう。ヨーロッパに端を発し，
世界に広まっているノルディックウォーキン
グであるが，わが国でも愛好者が年々増えて
いる。ノルディックウォーキングは決して元
気な人のためだけのスポーツではない。子ど
もからお年寄り，さらに下肢に障害があって
も，「歩くことさえできれば」誰でも実施でき
る。むしろ，2本のポールは歩行の助けにな
る。ノルディックウォーキングが危険である
という報告はない。健康運動として，また有
疾患者の運動療法として，誰にもすすめられ
る素晴らしい健康スポーツといえる。

（竹田　正樹）

第9章

地域型運動のすすめ

I. 運動の種類と継続

運動方法はさまざまな分類が可能である（**表** 9-1）。今日，少子高齢化，核家族化，人口減少などの問題があり，生活のサステナビリティ（持続し発展する社会）が重要な課題とされるなかで，高齢者や地域在住の人々にとってどのような運動方法が実施しやすく，かつ継続できるかという視点でみる必要がある。

従来の社会の最小単位は家族であったが，高齢化と過疎化が急速に進み，限界集落が増え，町や村が消滅しつつある現代社会では，家族に替わるものとして地域（コミュニティ）があげられる。若い世代の人口が少ない地方では，集落の活性化に向けて，高齢者が高齢者を支え，互いに共存し支え合うことが必要とされる。

そのような状況のなかで，高齢者の健康関連 QOL の向上や介護予防を目指すのに有効なツールの 1 つとして運動の実践が注目され

てきた [2, 3, 6]。ここで重要な点は「いかに運動を継続できるか」ということである。6 ヵ月の運動指導で 24〜76％が途中で止めてしまったという報告がある [11]。Ashworth ら [1] によれば，施設で行う運動の 2 年目の継続率は 30〜40％に過ぎない。つまり，何も対策を講じなければ運動は長く続けられないのである。

また，短期的に運動の効果があっても，止めてしまえば効果が消失することも明らかに

表 9-1 運動方法の分類

分類法	種類
指導方法による分類	監視型運動
	非監視型運動
運動の場所による分類	施設型運動
	地域型運動
	家庭型運動
運動の種類による分類	有酸素性運動
	レジスタンス運動
	柔軟運動
	バランス運動
	複合運動（ウエルビクス）

第9章 地域型運動のすすめ

図 9-1　地域型運動の実際
アメリカカンザス州ウイチタのコミュニティーセンター（左）と島根県安来市の公民館（右）における運動の様子。

されている。以上のことから，いかに運動を続けられるかが健康と身体的自立を維持するための鍵となる。われわれは，2000年頃よりアメリカカンザス州ウイチタ州立大学加齢と身体活動研究センター所長のRogersらとともに，日米で地域在住高齢者のための地域型運動（community-based exercise：CBE）の効果を検証してきた（図9-1）。

第7章で述べたように，地域型運動（community-based exercise：CBE）は，Kingら[7]によって最初に発表され，2000年あたりから急増している[1]。地域型運動（community-based exercise：CBE）は参加率が高く[4,12]，2型糖尿病の患者を対象としたものもみられ[9]，経済的にも安価[10]であることが報告されている。

われわれが地域に出かけ，地域型運動の指導を行った愛知（名古屋市天白区，安城市），長野（飯田市），福岡（香春町），島根（安来市），鳥取（江府町）では，すでに10年を超えて継続されている。なかでも，指導者さえ存在しなかった島根県安来市布部地区では，参加者の体力測定の追跡結果から，運動の実践とともに加齢に伴う体力の低下の遅延や自立の維持がみられている[5]。現在，安来市では18地区でCBEが行われいる。1つの地域ではじまったCBEが全市に拡散普及していることも，継続が容易なためと思われる。このように，地域住民が支え合うかたちでCBEの輪が広がっていることは，注目に値する。

II. 効果的な運動実践への工夫 －運動実施の順序－

ウエルビクスによる地域型運動の実際については，コンバインド型とコンカレント型に分けられる。

コンバインド型の場合には，一般的なガイドラインに従って，週3日のウォーキングと週2日のレジスタンス運動とバランス運動を取り入れる。そのなかに住民同士が集う公民館での運動をできるだけ取り入れるとよい。さらに個々の住民が実施した運動の種類をカレンダーなどに記録し，1ヵ月程度まとめてその内容をチェックすると効果的である。

コンカレント型の場合は，決められた時間

内で行うために，どの種類の運動をどの順番で行うかを決める必要がある。エアロビック運動とレジスタンス運動を行う場合，どちらを先に行うかといった議論がなされることがある。しかし，高齢者，特に地域在住高齢者の場合には，コンディションなど身体の状況の個人差が大きいため，一度にすべての運動を行うとか，必ずこの種目を先にしなければならないという考え方は適当でない。ただし，運動強度が比較的高いものを実施する場合には，筋中の乳酸濃度も高くなる（生成と分解のバランスが大きく負の出納に傾く）。乳酸は，肝臓への循環を高めることでその分解が早くなることから，レジスタンス運動を先に行い，その後歩行などのエアロビック運動を取り入れるとよい。

公民館などで集まって運動する場合には，ダンスやその場でのステップエクササイズなどのエアロビック運動を行えるが，部屋の大きさの影響を受ける。このためわれわれは，運動開始前に戸外で集まり，そこから徒歩で公民館に向かい，運動終了後には，徒歩である地点まで行くことでエアロビック運動を行っている。途中で神社の階段などを使っての運動も効果的である。神社の階段を使ってエアロビック運動を行い，境内や社務所でバンド運動（レジスタンス運動）を実施し，その後，歩いてまたエアロビック運動を行った例もある。どのような形式であっても，1つの運動に偏らないプログラムが望ましい。

III. 実践例

われわれは，これまで多くの地域で地域型運動を紹介してきた。なかでも島根県安来市（旧広瀬町）では，住民だけの住民による運動が10年以上も続いている[8]。この地域は，島根県東部に位置し，米子市に隣接している。2004年10月に1市2町が合併し，大幅な行政上の変革が行われた。名古屋市立大学竹島研究室は，旧広瀬町保健福祉課からの受託研究として，2002年から高齢者の健康づくり事業を支援してきた。旧広瀬町は，古くから町立病院を有し，町民の健康保健活動に関して先駆的な取り組みを行っており，「健康ひろせ21」も早期から策定していた。当時は，公民館活動を中心として地域の健康づくりを進めるという計画で，その趣旨に基づき，布部地区公民館をモデル地域として高齢者の運動教室（ウエルビクス教室）を実施した。現在，自主活動教室が週に1日，昼夜2回開催されており，地域の高齢者にとっても健康づくりの中核的な活動に位置づけられている。この公民館での活動は，2003年度財団法人松下視聴覚教育研究助成が認められ，助成金を受けた。その後，安来市役所介護予防センターを中心に，安来市立病院リハビリテーション科，および医師会病院リハビリテーション科の協力を得て，名古屋市立大学大学院システム自然科学研究科竹島研究室（受託研究事業）と連係し，介護保険利用者（要介護，介護1）に対する運動を計画したこともあった。バンドを利用したレジスタンス運動は，ずく（地域の方言で元気を出すという意味がある）バンドと命名され，地域の高齢者のなかで広がりをみせている。

地域が変われば，環境も変わり，行う内容も必然的に変わる。指導者は参加者とともに

第 9 章　地域型運動のすすめ

創意工夫することがなによりも重要である。また，指導者がいなくとも住民同士の取り組みでも大きな成果をあげられる。大切なことは，運動への導入（参加）の工夫である。そ

の意味でも，質の高い指導者の確保と育成が急務である。

（竹島　伸生）

文　　献

第 1 章　加齢に伴う体力や機能の低下

1. Alnaqeeb MA, Al Zaid NS, and Goldspink G. (1984) Connective tissue changes and physical properties of developing and ageing skeletal muscle. J Anat, 139: 677-689.

2. Asano K, Ogawa S, and Furuta Y. (1978) Aerobic work capacity in middle aged and old aged runners. In: Landry F, and Orban W (eds.), Exercise Physiology, pp. 465-471, Symposia Spesialists, Florida, Miami.

3. 浅野智彦. (2011) 趣味縁からはじまる社会参加 (若者の気分). 岩波書店, 東京.

4. Astrand PO, and Rodall K. (1986) Textbook of Work Physiology. McGrawhill, New-York.

5. 綾部誠也. (2009) 高齢者の日常身体活動の量と強度の加齢変化に関する縦断的調査結果. 日本体力医学会シンポジウム : 健康寿命延伸のための体力–新潟スタディ (70 歳高齢者の 11 年間間追跡調査) から学んだこと–. 第 64 回日本体力医学会, 新潟.

6. Bohannon RW, Larkin PA, Cook AC, et al. (1984) Decrease in timed balance test scores with aging. Phys Ther, 64: 1067-1070.

7. Caspersen CJ, Powell KE, and Christenson GM. (1985) Physical activity, exercise, and physical fitness: definition and distinctions for health-related research. Public Health Rep, 100: 126-131.

8. Cristopoliski F, Barela JA, Leite N, et al. (2009) Stretching exercise program improves gait in the elderly. Gerontology, 55: 614-620.

9. Dill DB, Robinson S, and Ross JC. (1967) A longitudinal study of 16 champion runners. J Sports Med Phys Fitness, 7: 4-27.

10. Dinenno FA, Jones PP, Seals DR, et al. (1999) Limb blood flow and vascular conductance are reduced with age in healthy humans: relation to elevations in sympathetic nerve activity and declines in oxygen demand. Circulation, 100: 164-170.

11. Ehsani AA, Takeshi O, Miller TR, et al. (1991) Exercise training improves left ventricular systolic function in older men. Circulation, 83: 96-103.

12. Fleg JL. (1986) Alterration in cardiovascular structure and function with advancing age. Am J Cardiol, 57: 33C-44C.

13. 藤澤宏幸, 武田涼子, 植木章三 他. (2005) 地域在宅高齢者における最大サイドステップ長と運動能力および転倒との関係. 理学療法学, 32: 391-399.

14. 福永哲夫. (2000) 元気に「貯筋」しよう –高齢者の筋肉づくり–. 岡田守彦, 松田光生, 久野譜也 編著, 高齢者の生活機能増進法 –地域システムと具体的ガイドライン–, pp. 39-45, ナップ, 東京.

15. Gajdosik RL, Vander Linden DW, McNair PJ, et al. (2005) Viscoelastic properties of short calf muscle-tendon units of older women: effects of slow and fast passive dorsiflexion stretches *in vivo*. Eur J Appl Physiol, 95: 131-139.

16. Gehlsen GM, and Whaley MH. (1990) Falls in the elderly: part II, balance, strength, and flexibility. Arch Phys Med Rehabil, 71: 739-741.

17. 原田智美, 野田美保子. (2014) 豪雪地帯農村部に暮らす健常高齢者の歩行能力低下の要因に関する研究. 日生気象誌, 50 (4): 159-174.

18. 波多野元貴, 鈴木重行. (2013) ストレッチングの評価指標. 鈴木重行 編, ストレッチングの科学, pp. 54-124, 三輪書店, 東京.

19. Hendelman D, Miller K, Baggett C, et al. (2000) Validity of accelerometry for the assessment of moderate intensity physical activity in the field. Med Sci Sports Exerc, 32: S442-S449.

20. Henry V, Fatayerji D, and Eastell R. (2004) Attainment of peak bone mass at the lumbar spine, femoral neck and

文　献

radius in men and women: relative contributions of bone size and volumetric bone mineral density. Osteoporos Int, 15: 263-273.

21. Hibino I, Okita M, Inoue T, et al. (2008) Effect of immobilization on insoluble collagen concentration and type I and type III collagen isoforms of rat soleus muscle. J Jpn Phys Ther Assoc, 11: 1-6.

22. 飯島勝矢, 柴崎孝二. (2013) 老化の理解とヘルスプロモーション, 東京大学高齢社会総合研究機構 編著, 東大がつくった確かな未来視点を持つための高齢社会の教科書, pp. 154-173, ベネッセコーポレーション, 東京.

23. 医療科学研究所自主研究委員会. 健康の社会的決定要因に関する国内外の調査研究動向－ソーシャル・キャピタル編, http://www.iken.org/project/sdh/pdf/SDH_SC_report.pdf（2017 年 9 月 19 日閲覧）.

24. 加藤芳司. (2016) 加齢に伴う柔軟性低下と理学療法. 理学療法, 33: 509-516.

25. Klausner SC, and Schwartz AB. (1985) The aging heart. Clin Geriatr Med, 1: 119-141.

26. 児玉憲典, 飯塚裕子, 三島二郎 訳 (R.J. ハヴィガースト). (1997) ハヴィガーストの発達課題と教育－生涯発達と人間形成, pp. 159-172, 川島書店, 東京.

27. 小泉大亮, Islam MM, 竹島伸生. (2015) 地域在住高齢者の年代別による身体活動量 －日常生活時の歩数と中等度活動強度時間の加齢による影響－. 鹿屋体育大学紀要, 50: 9-15.

28. 厚　生　労　働　省. http://www.mhlw.go.jp/file/04-Houdouhappyou-10904750-Kenkoukyoku-Gantaisakukenkouzoushinka/kekkagaiyou.pdf

29. Lakatta EG. (1990) Changes in cardiovascular function with aging. Eur Heart J, 11 (Suppl. C): 22-29.

30. Lexell J, Taylor CC, and Sjöström M. (1988) What is the cause of the ageing atrophy? Total number, size and proportion of different fiber types studied in whole vastus lateralis muscle from 15-83 years old men. J Neurol Sci, 84: 275-294.

31. 前阪茂樹, 木原健太, 藤田英二, 他 (2015) 大学剣道および柔道競技者のバランス能の比較について. スポーツパフォーマンス研究, 7: 381-389.

32. Mense S, and Stahnke M. (1983) Responses in muscle afferent fibres of slow conduction velocity to contractions and ischaemia in the cat. J Physiol, 342: 383-397.

33. Menz HB, Morris ME, and Lord SR. (2006) Foot and ankle risk factors for falls in older people: a prospective study. J Gerontol A Biol Sci Med Sci, 61: 866-870.

34. 文部科学省平成 27 年度体力・運動能力調査調査結果統計表.
http://www.e-stat.go.jp/SG1/estat/List.do?bid=000001077238&cycode=0

35. 文部科学省健康スポーツ課. 平成 27 年度体力・運動能力調査－結果の概要, 体力・運動能力の加齢に伴う変化の傾向 http://www.mext.go.jp/prev_sports/comp/b_menu/other/__icsFiles/afieldfile/2016/10/11/1377987_001.pdf

36. 森岡清志. (1992) 都市社会の構造的文化と都市生活の分節性. 鈴木　広 編, 現代都市を解読する, pp. 284-310, ミネルヴァ書房, 東京.

37. 内閣府. 平成 28 年度高齢社会白書, http://www8.cao.go.jp/kourei/whitepaper/index-w.html（2017 年 9 月 19 日閲覧）.

38. 中比呂志, 出村慎一, 松沢甚三郎. (1997) 高齢者における体格・体力の加齢に伴う変化及びその性差. 体育学研究, 42: 84-96.

39. 中村隆一. (2009) 基礎運動学, 第 6 版. pp. 152-155, 医歯薬出版, 東京.

40. Nashner L, and McCollum G. (1985) The organization of human postural movements: a formal basis and experimental synthesis. Behavioral Brain Science, 8: 135-150.

41. Newton RA. (2001) Validity of the multi-directional reach test: a practical measure for limits of stability in older adults. J Gerontol A Biol Sci Med Sci, 56: M248-M252.

42. 小川純人, 秋下雅弘. (2016) 男性ホルモンの加齢変化と骨量・骨代謝. Clinical Calcium, 7: 17-22.

43. Paffenbarger RS Jr, Hyde RT, Willing AL, et al. (1986) Physical activity, all-cause mortality, and longevity of college alumni. N Engl J Med, 314: 605-613.

44. Paffenbarger RS Jr, Hyde RT, Willing AL, et al. (1984) A natural history of athleticism and cardiovascular health. JAMA, 252: 491-495.

45. Paffenbarger RS Jr, Willing AL, Hyde RT, et al. (1983) Physical activity and incidence of hypertension in college alumni. Am J Epidemiol, 117: 245-257.

46. Person AC, Gudipati CV, and Labovitz AJ. (1991) Effects of aging on left ventricular structure and function. Am

Heart J, 121: 871-875.

47. Proctor DN, Shen PH, Diets NM, et al. (1998) Reduced blood leg flow during dynamic exercise in older endurance-trained men. J Appl Physiol, 85: 68-75.

48. Saltin B. (1986) The aging endurance athlete. In: Sutton JR, Brock RM (eds.), Sports Medicine for the Mature Athletes, pp. 59-80, Benchmark Press, Indianapolis.

49. 佐藤眞一. (2014) エイジングのこころ–人の生涯発達. 佐藤眞一, 髙山　緑, 増本康平 編, 老いのこころ, 加齢とは成熟の発達心理学, pp. 22-40, 有斐閣アルマ, 東京.

50. Seeman E. (2003) Periosteal bone formation – a neglected determinant of bone strength. N Engl J Med, 349: 320-323.

51. Spirduso WW. (1995) Cardio vascular and pulmonary function. In: Spirudso WW (ed.), Physical Dimension of Aging, pp. 95-118. Human Kinetics, IL.

52. Stebbins CL, Carretero OA, Mindroiu T, et al. (1990) Bradykinin release from contracting skeletal muscle of the cat. J Appl Physiol, 69: 1225-1230.

53. 杉山恭二, 木村佳記, 佐藤睦美, 他. (2012) 動的バランス評価方法の提案 : 片足 drop jump 着地動作における重心動揺総軌跡長の再現性. スポーツ傷害, 17: 40-42.

54. 杉山正晃, 生田英輔, 岡崎和伸 他. (2016) 異なる地域環境に居住する高齢者の生活タイプと身体活動量の比較. 日本生理人類学会誌, 21 (特別号 1): 66.

55. 鈴木重行. (2013) ストレッチングの種類. 鈴木重行 編, ストレッチングの科学, pp. 2-15, 三輪書店, 東京.

56. 鈴木政登. (2009) 日本人の健康関連体力指標最大酸素摂取量基準域および望ましいレベル. 体力科学, 58: 5-6.

57. Takeshima N, Islam MM, Rogers ME, et al. (2014) Pattern of age-associated decline of static and dynamic balance in community dwelling older adults. Geriatr Gerontol Int, 14: 556-560.

58. 竹島伸生, 田中喜代次, 小林章雄 他. (1989) 中高年ランナーの最大酸素摂取量と乳酸性閾値 –加齢に伴う変化–. 体力科学, 38: 197-207.

59. 侘美俊輔, 大塚吉則. (2016) 利尻島における高齢者の健康づくりと生活. 北海道体育学研究, 51: 9-15.

60. Tanaka H, Monahan K, and Seals DR. (2001) Age-predicted maximal heart rate reviseited. J Am Coll Cardiol, 37: 153-156.

61. U. S. Department of Health and Human Services. (1996) Physical Activity and Health: A Report of the Surgeon General. Atlanta, GA: U.S. Department of Health and Human Services, Center for Disease Control and Prevention, National Center for Chronic Disease Prevention and Health Promotion.

62. 上野千鶴子. (1994) 選べる縁・選べない縁. 井上　忠, 福井勝義, 祖田　修 編. 文化の地平線–人類学からの挑戦–, pp. 136-152, 世界思想社, 京都.

63. Vandervoort AA, Chesworth BM, Cunningham DA, et al. (1992) Age and sex effects on mobility of the human ankle. J Gerontol, 47: M17-M21.

64. Wallmann HW. (2001) Comparison of elderly nonfallers and fallers on performance measures of functional reach, sensory organization, and limits of stability. J Gerontol A Biol Sci Med Sci, 56: M580-M583.

65. Wilmore JH, Costill D, and Kenney WL. (2008) Aging in sport and exercise. In: Physiology of Sports and Exercise, pp. 402-421, Human Kinetics, IL.

66. 山本利春 監訳 (マイケル J. オルター). (2010) 柔軟性とストレッチングの現代的概観, 柔軟性の科学, pp. 3-23, 大修館書店, 東京.

67. 柳原崇男, 服部託夢. (2013) 高齢者の買い物行動と身体活動量に関する研究. 土木計画学研究・講演集(CD-ROM), Vol.47: ROMBUNNO.345.

68. 安永明智, 村上晴香, 森田明美 他. (2016) 郵便番号を使って評価された自宅近隣施設環境と活動量計により評価された身体活動量の横断的関連 : 佐久コホートスタディ. 日本公衛誌, 63 (5) : 241-251.

69. 吉中康子, 糸井亜弥, 山田陽介 他 (2016) 高齢者における身体活動量と体力–身体活動量目標設定に関する基礎的研究–. ウォーキング研究, 19: 21-29.

70. 吉武　裕. (2001) 身体活動量評価のゴールドスタンダード –二重標識水法から歩数計まで–. 運動疫学研究, 3 : 18-28.

文　　献

第2章　高齢者も鍛えれば変わる ─ 運動の生理的効果 ─

1. American College of Sports Medicine. (2011) Quantity and quality of exercise for developing and maintaining cardiorespiratory, musculoskeletal, and neuromotor fitness in apparently healthy adults: guidance for prescribing exercise. Med Sci Sports Exerc, 43: 1334-1359.

2. Brechue WF, and Pollock ML. (1996) Exercise training for coronary artery disease in the elderly. Clin Geriat Med, 12: 207-229.

3. Broman G, Johnsson L, and Kajiser L. (2004) Golf: a high intensity interval activity for elderly men. Aging Clin Exp Res, 16: 375-381.

4. Coggan AR, Spina RJ, Rogers MA, et al. (1990) Histochemical and enzymatic characteristics of skeletal muscle in master athletes. J Appl Physiol, 68: 1896-1901.

5. 代　　俊. (2008) 高齢者の動的バランス機能向上のための運動プログラム. 広島大学大学院教育学研究紀要, 57: 301-308.

6. Frontera WR, Meredith JJ, O'Reilly KP, et al. (1988) Strength conditioning in older men: skeletal muscle hypertrophy and improved function. J Appl Physiol, 64: 1038-1044.

7. 福川裕司, 丸山裕司, 中村恭子. (2008) 運動教室が地域在住高齢者の心身に及ぼす影響について. 順天堂大学スポーツ健康科学研究, 12: 52-57.

8. 芳賀　勲. (2013) 登山ボディのつくり方. 山と渓谷社, 東京.

9. Islam MM, Nasu E, Rogers ME, et al. (2004) Effects of sensory and muscular training on balance in Japanese older adults. Prev Med, 39: 1148-1155.

10. Kalapotharakos VI, Diamantopoulos K, and Tokmakidis SP. (2010) Effect of resistance training and detraining on muscle strength and functional performance of older adults aged 80 to 88 years. Aging Clin Exp Res, 22: 134-140.

11. 岸本泰樹, 山田和政. (2009) 要支援・要介護高齢者における低負荷筋力マシントレーニング実施2年間の効果. 健康レクリエーション研究論文集, 5: 13-17.

12. Klitgaard H, Mantoni M, Schiaffino S, et al. (1990) Function morphology and protein expression of aging skeletal muscle: a cross-sectional study of elderly men with different training backgrounds. Acta Phyiol Scand, 140: 41-54.

13. 厚生労働省. (2012) 介護予防マニュアル (改訂版), 第3章 運動器の機能向上マニュアル.
http://www.mhlw.go.jp/topics/2009/05/tp0501-1.html

14. 厚生労働省. (2013) 運動基準・運動指針の改定に関する検討会報告書.
http://www.mhlw.go.jp/stf/houdou/2r9852000002xple-att/2r9852000002xpqt.pdf

15. Lemmer JT, Ivey FM, Ryan AS, et al. (2001) Effect of strength on resting metabolic rate and physical activity: age and gender comparisons. Med Sci Sports Exerc, 33: 532-541.

16. Moritani T, and deVries HA. (1980) Potential for gross muscle hypertrophy in older men. J Gerontol, 35: 672-682.

17. Narita M, Islam MM, Rogers ME, et al. (2015) Effects of customized balance exercises on older women whose balance ability has deteriorated with age. J Women Aging, 27: 237-250.

18. Niinimaa V, and Shephard RJ. (1978) Training and oxygen conductance in the elderly. I. The respiratory system. J Gerontol, 33: 354-361.

19. 岡田壮市, 小粥崇司, 成田　誠 他. (2015) デイショートサービス利用者に対する1年間に亘る2種類の座位型による軽運動の筋力と機能的体力への運動効果. 理学療法科学, 30: 771-775.

20. Peterson MD, Rhea MR, Sen A, et al. (2010) Resistance exercise for muscular strength in older adults: a meta-analysis. Ageing Res Rev, 9: 226-237.

21. Pollock ML, Mengelkoch LJ, Graves JE, et al. (1997) Twenty-year follow-up of aerobic power and body composition of older track athletes. J Appl Physiol, 82: 1508-1516.

22. Pollock ML, and Wilmore JH. (1990) Exercise in Health and Disease: Prescribing Exercise for the Apparently Healthy, 2nd ed., pp. 389-390, Saunders, Philadelphia, PA.

23. Seals DR, Hagberg JM, Spina R, et al. (1994) Enhanced left ventricular performance in endurance trained older men. Circulation, 89: 198-205.

24. 竹島伸生. (1990) 高齢者の乳酸性閾値および最大酸素摂取量による有酸素性作業能に関する研究. 愛知医科大学医学会雑誌, 18: 403-416.

25. 竹島伸生, 竹下俊一, 植杉乾蔵, 他. (2014) 90歳で1000回を超えるゴルフエイジシュート達成男性プレーヤ

ーの身体活動量. スポーツパフォーマンス研究, 6: 222-232.

26. 竹島伸生, 宮崎喜美乃, 山本正嘉, 他. (2015). 80歳登山家三浦雄一郎氏のバランス能について. スポーツパフォーマンス研究, 7: 90-98.

27. Takeshima N, Tanaka K, Kobayashi F, et al. (1993) Effects of aerobic exercise conditioning at lactate threshold intensity in the elderly. Eur J Appl Physiol, 67:138-143.

28. Tomiyama T, Islam MM, Rogers ME, et al. (2015) Effects of seated vs. standing exercises on strength and balance in community-dwelling older women. Activities, Adaptation & Aging, 39: 280-290.

29. 山本正嘉. (2000) 登山の運動生理学百科. 東京新聞出版局, 東京.

30. 山田和政, 松橋里江子, 山田　恵. (2007) 要介護高齢者における低負荷筋力マシントレーニングの長期的運動効果について. 健康レクリエーション研究論文集, 4: 29-33.

31. ウインターライフ推進協議会. 転ばないコツおしえます. http://tsurutsuru.jp/

32. 山本正嘉. (2003) データで見る三浦雄一郎さんの身体とこころ. 岳人, 674: 85-91.

33. 山本正嘉. (2006) 科学の目で見た三浦雄一郎さんのアンチエイジング. 山と渓谷, 851: 138-141.

34. 山本正嘉, 安藤真由子, 三浦豪太. (2014) 70, 75, 80歳でエベレスト登頂に成功した三浦雄一郎氏の体力特性. 登山医学, 34: 116-125.

35. Zunzer SC, Von Duviliard SP, Tschakert G, et al. (2013) Energy expenditure and sex differences of golf playing. J Sports Sci. 31: 1045-1153.

第3章　高齢者に対するエアロビクス運動の理論と実際

1. American College of Sports Medicine. (2009). Exercise and physical activity for older adults - Position stand. Med Sci Sports Exerc, 41: 1510-1530.

2. American College of Sports Medicine. (2011). Quantity and quality of exercise for developing and maintaining cardiorespiratory, musculoskeletal, and neuromotor fitness in apparently healthy adults: guidance for prescribing exercise. Med Sci Sports Exerc, 43: 1334-1359.

3. Fiatarone Singh MA (2002). Exercise comes of age: rationale and recommendations for a geriatric exercise prescription. J Gerontol Med Sci, 57A: M262-M282.

4. Karvonen M, Kentala K, and Mustala O. (1957). The effects of training on heart rate: a longitudinal study. Ann Med Exp Biol Fenn, 35: 307-315.

5. 小泉大亮. (2006) 地域在住高齢者を対象とした日常身体活動量向上支援プログラムの開発と評価に関する研究. 名古屋市立大学大学院博士論文.

6. 小泉大亮, Islam MM, 竹島伸生. (2015) 地域在住高齢者の年代別による身体活動量 −日常生活時の歩数と中等度活動強度時間の加齢による影響−. 鹿屋体育大学紀要, 50: 9-15.

7. Koizumi D, Rogers NL, Rogers ME, et al. (2009) Efficacy of an accelerometer-guided physical activity intervention in community-dwelling older women. J Phys Act Health, 6: 467-474.

8. 竹島伸生. (1990) 高齢者の乳酸性閾値および最大酸素摂取量による有酸素性作業能に関する研究. 愛知医科大学医学会雑誌, 18: 403-416.

9. Takeshima N, Kobayashi F, Watanabe T, et al. (1993) Effect of aerobic exercise conditioning at intensities corresponding to lactate threshold in the elderly. Eur J Appl Physiol, 67: 138-143.

10. Takeshima N, Shimada K, Islam MM, et al. (2015) Progressive, site-specific loss of muscle mass in older, frail nursing home residents. J Aging Phys Act, 23: 452-459.

11. Takeshima N, Tanaka, K, Watanabe T, et al. (1994) Longitudinal assessment of aerobic work capacity in the elderly. In: Harris S, Suominen H, Era P, et al. (eds), Physical Activity, Aging and Sports. Volume III: Towards Healthy Aging- International Perspectives- Part 1. Physiological and Biomedical Aspects, Center for the Study of Aging, NewYork, pp. 33-39.

12. Tudor-Locke C, and Bassett DR Jr. (2004) How many steps/day are enough? Preliminary pedometer indices for public health. Sports Med, 34: 1-8.

13. U. S. Department of Health and Human Services. (1996) Physical Activity and Health: A Report of the Surgeon General. Atlanta, GA: U.S. Department of Health and Human Services, Center for Disease Control and Prevention, National Center for Chronic Disease Prevention and Health Promotion.

文　献

14. Welsch MA, Burechue WF, Pollock ML, et al. (1994) Using the exercise test to develop the exercise prescription in health and disease. Primary Care, 21: 589-609.

第 4 章　高齢者に対するレジスタンス運動の理論と実際

1. American College of Sports Medicine. (2009) Exercise and physical activity for older adults - Position stand. Med Sci Sports Exerc, 41: 1510-1530.

2. Aniansson A, and Gustafsson E. (1981) Physical training in elderly men with special reference to quadriceps muscle strength and morphology. Clin Physiol, 1: 87-98.

3. Bassey EJ, and Ramsdale SJ. (1994) Increase in femoral bone density in young women following high-impact exercise. Osteoporos Int, 4: 72-75.

4. Benn SJ, McCartery N, Mckelvie RS, et al. (1996) Circulatory responses to weight lifting, walking, and stair climbing in older males. J Am Geratri Soc, 44: 121-122.

5. 代　　俊. (2008) 高齢者の動的バランス機能向上のための運動プログラム. 広島大学院教育学研究紀要, 57: 301-308.

6. DeMichele P, Pollock ML, Graves J, et al. (1977) Isometric torso rotation strength: effects of training frequency on its development. Arch Physiol Med Rehabil, 78: 64-69.

7. Duncan CS, Blimkie CJ, Cowell CT, et al. (2002) Bone mineral density in adolescent female athletes: relationship to exercise type and muscle strength. Med Sci Sports Exerc, 34: 286-294.

8. Feigenbaum MS, and Pollock ML. (1997) Strength training: rationale for current guidelines for adult fitness programs. Phys Sportsmed, 25 (2): 44-63.

9. Fiatarone MA, and Evans WJ. (1993) The etiology and reversibility of muscle dysfunction in the aged. J Gerontol, 48: 77-83.

10. Fiatarone MA, O'Neill EF, Ryan ND, et al. (1994) Exercise training and nutritional supplementation for physical frailty in very elderly people. N Engl J Med, 23: 330: 1769-1775.

11. Frost HM. (1987) The mechanostat: a proposed pathogenic mechanism of osteoporoses and the bone mass effects of mechanical and nonmechanical agents. Bone Miner, 2: 73-85.

12. Fuchs RK, Bauer JJ, and Snow CM. (2001) Jumping improves hip and lumbar spine bone mass in prepubescent children: a randomised controlled trial. J Bone Miner Res, 16: 148-156.

13. Fujita E, Kanehisa H, Yoshitake Y, et al. (2011) Association between knee extensor strength and EMG activities during squat movement. Med Sci Sports Exerc, 43: 2328-2334.

14. 福川裕司, 丸山裕司, 中村恭子. (2008) 運動教室が地域在住高齢者の心身に及ぼす影響について. 順天堂大学スポーツ健康科学研究, 12: 52-57.

15. 福永哲夫 編. (2000) 筋の科学大事典, pp. 1-5, 朝倉書店, 東京,

16. 福永哲夫. (2016) 使って貯めよう筋肉貯筋 〜家庭でできるホーム貯筋術の科学的効果〜. 介護福祉・健康づくり, 3 (1): 43-49.

17. Gómez-Cabello A, Ara I, González-Agüero A, et al. (2012) Effects of training on bone mass in older adults. A systematic review. Sports Med, 42: 301-325.

18. Gordon NF, Kohi HW, Pollock ML, et al. (1996) Cardiovascular safety of maximal strength testing in healthy adults. Am J Cardiol, 76: 851-852.

19. Granger CV, Cotter AC, Hamilton BB, et al. (1990) Functional assessment scales: a study of persons with multiple sclerosis. Arch Phys Med Rehabil, 71: 870-875.

20. Hazell T, Kenno K, and Jakobi J. (2007) Functional benefit of power training for older adults. J Aging Phys Act, 15: 349-359.

21. Henwood TR, and Taaffe DR. (2005) Improved physical performance in older adults undertaking a shorttern programme of high velocity resistance training. Gerontology, 51: 108-115.

22. 本田亜紀子. (2005) 4 章 運動と骨. 北川　薫 編著, 健康運動プログラムの基礎 〜陸上運動と水中運動からの科学的アプローチ〜, p. 54, 市村出版, 東京.

23. Kato T, Terashima T, Yamashita T, et al. (2006) Effect of low-repetition jump training on bone mineral density in young women. J Appl Physiol, 100: 839-834.

文　献

24. 加藤　尊, 森　博康, 山下剛範 他. (2013) 体育館の運動教室に通う中高年女性の骨は同年代のスイミングスクールや料理教室に通う中高年女性の骨より強いか. 体力科学, 62: 485.

25. 加藤芳司. (2015) 高齢者の日常生活動作 (ADL) 維持の為に必要な椅子立ち上がりパワー評価法に関する研究. 名古屋市立大学大学院システム自然科学研究科博士論文, 7: 68-77.

26. Kerr D, Morton A, Dick I, et al. (1996) Exercise effects on bone mass in postmenopausal women are site-specific and load-dependent. J Bone Miner Res, 11: 218-225.

27. 岸本泰樹, 山田和政. (2009) 要支援・要介護高齢者における低負荷筋力マシントレーニング実施 2 年間の効果. 健康レクリエーション研究論文集, 5: 13-17.

28. Kubo K, Kanehisa H, Miyatani M, et al. (2003) Effect of low-load resistance training on the tendon properties in middle-aged and elderly women. Acta Physiol Scand, 178: 25-32.

29. 窪田　登. (2007) 筋力トレーニング法 100 年史, 体育とスポーツ出版社, 東京, pp. 140-145.

30. Lanyon LE, and Rubin CT. (1984) Static vs. dynamic loads as an influence on bone remodelling. J Biomech, 17: 897-905.

31. Lawton MP, and Brody EM. (1969) Assessment of older people: self maintaining and instrumental activities of daily living. Gerontologist, 9: 179-186.

32. Lee L, Islam MM, Rogers ML, et al. (2011) Effects of hydraulic resistance exercise on peak torque, velocity, and power in untrained healthy older adults. J Strength Cond Res, 25: 1089-1097.

33. Liu L, Maruno R, Mashimo T, et al. (2003) Effects of physical training on cortical bone at midtibia assessed by peripheral QCT. J Appl Physiol, 95: 219-224.

34. Ma D, Wu L, and He Z. (2013) Effects of walking on the preservation of bone mineral density in perimenopausal and postmenopausal women: a systematic review and meta-analysis. Menopause, 20: 1216-1226.

35. Mahoney FI, and Barthel DW. (1965) Functional evaluation: the Barthel index. Md State Med J, 14: 61-65.

36. Marcell TJ. (2003) Sarcopenia: causes, consequences, and preventions. J Gerontol A Biol Sci Med Sci, 58: M911-916.

37. Martyn-St Jamesa M, Carrollb S. (2008) Meta-analysis of walking for preservation of bone mineral density in postmenopausal women. Bone, 43: 521-531.

38. Morris CK, and Froelicher VF. (1993) Cardiovascular benefits of improved exercise capacity. Sports Med, 16: 225-236.

39. Naso F, Carner E, Blankfort-Doyle W, et al. (1990) Endurance training in the elderly nursing home patient. Arch Phys Med Rehabil, 71: 241-243.

40. 岡田壮市, 藤田英二, 小濱　剛 他. (2015) デイケア利用者の油圧マシントレーニングによる運動効果. 第 70 回日本体力医学会, 和歌山.

41. 岡田壮一, 小粥崇司, 成田　誠 他. (2014) 虚弱高齢者に対する座位式による軽運動の下肢筋力と機能的体力への効果について. 理学療法学, 29: 137-142.

42. Page P, and Ellenbecker T. Strength Band Training, Human Kinetics, Champain, IL, 2005.

43. Petrella JK, Kim JS, Tuggle SC, et al. (2005) Age differences in knee extension power, contractile velocity, and fatigability. J Appl Physiol, 98: 211-220.

44. Pollock ML. (1998) Prescribing exercise for fitness and adherence. In Dishman RK (ed.), Exercise Adherence, pp. 259-277, Human Kinetics, Champaign, IL.

45. Rector RS, Rogers R, Ruebel M, et al. (2008) Participation in road cycling vs. running is associated with lower bone mineral density in men. Metab Clin Exp, 57: 226-232.

46. Robling AG, Hinant FM, Burr DB, et al. (2002) Improved bone structure and strength after long-term mechanical loading is greatest if loading is separated into short bouts. J Bone Miner Res, 17: 1545-1554.

47. Rubin CT, and Lanyon LE. (1984) Regulation of bone mass by mechanical strain magnitude. Calcif Tissue Int, 37: 411-417.

48. Sayers SP, Guralnik JM, Thombs LA, et al. (2005) Effect of leg muscle contraction velocity on functional performance in older men and women. J Am Geriatr Soc, 53: 467-471.

49. Sayers SP. (2007) High-speed power training: a novel approach to resistance training in older men and women. A brief review and pilot study. J Strength Cond Res, 21: 518-526.

50. 日本体育協会指導者育成専門委員会アスレティックトレーナー部会 監修. (2011) 公認アスレティックトレー

文　献

ナー専門科目テキスト第 6 巻, 予防とコンディショニング, pp.52-60, 文光堂, 東京.

51. Smathers AM, Bemben MG, and Bemben DA. (2009) Bone density comparisons in male competitive road cyclists and untrained controls. Med Sci Sports Exerc, 41: 290-296.

52. Snow CM, Shaw JM, Winters KM, et al. (2000) Long-term exercise using weighted vests prevents hip bone loss in postmenopausal women. J Gerontol Med Sci, 55: 489-491.

53. Spirduso WW, and Cronin DL. (2001) Exercise dose-response effects on quality of life and independent living in older adults. Med Sci Sports Exerc, 33 (6 Suppl): S598-608.

54. Taffee DR, Pruitt LA, Reim J, et al. (1995) Effect of sustained resistance training on basal metabolic rate in older women. J Am Geriatr Soc, 43: 465-471.

55. 竹島伸生, マイケルロジャース 編. (2006) 高齢者のための地域型運動プログラムの理論と実際, pp. 68-71, pp. 105-110, ナップ, 東京.

56. 竹島伸生 編. (2005) 油圧マシンを使ったレジスタンス運動の理論と実際, pp. 20-21, pp. 46-48, メディカルレビュー社, 東京.

57. 竹島伸生. (2001) 身体運動の効果. 筋への効果. 竹島伸生 編. 高齢者のヘルスプロモーション, pp. 124-126, メディカルレビュー社, 東京.

58. 竹島伸生, 田中喜代次, 小林章雄. (1997) 高齢者の健康づくり −運動処方の実際と課題, pp. 69-73, メディカルレビュー社, 東京.

59. Umemura Y, Ishiko T, Tsujimoto H, et al. (1995) Effects of jump training on bone hypertrophy in young and old rats. Int J Sports Med, 16: 364-367.

60. Umemura Y, Ishiko T, Yamauchi T, et al. (1997) Five jumps per day increase bone mass and breaking force in rats. J Bone Miner Res, 12: 1480-1485.

61. 山田和政, 松橋里江子, 山田　恵. (2007) 要介護高齢者における低負荷筋力マシントレーニングの長期的運動効果について. 健康レクリエーション研究論文集, 4: 29-33.

62. Yoshioka Y, Nagano A, Himeno R, et al. (2007) Computation of the kinematics and the minimum peak joint moments of sit-to-stand movements. Biomed Eng Online, 6: 26.

63. Yoshitake Y, Takai Y, Kitamura T, et al. (2011) Body mass-based exercise in middle-aged and older women. Int J Sports Med, 32: 924-928.

第 5 章　高齢者に対する柔軟運動の理論と実際

1. American College of Sports Medicine, Chodzko-Zajko WJ, Proctor DN, et al. (2009) American College of Sports Medicine position stand. Exercise and physical activity for older adults. Med Sci Sports Exerc, 41: 1510-1530.

2. Bohannon RW, Larkin PA, Cook AC, et al. (1984) Decrease in timed balance test scores with aging. Phys Ther, 64: 1067-1070.

3. Cristopoliski F, Barela JA, Leite N, et al. (2009) Stretching exercise program improves gait in the elderly. Gerontology, 55: 614-620.

4. Gajdosik RL, Vander Linden DW, McNair PJ, et al. (2005) Effects of an eight-week stretching program on the passive-elastic properties and function of the calf muscles of older women. Clin Biomech, 20: 973-983.

5. Johnson E, Bradley B, Witkowski K, et al. (2007) Effect of a static calf muscle-tendon unit stretching program on ankle dorsiflexion range of motion of older women. J Geriatr Phys Ther, 30: 49-52.

6. 川口浩太郎, 坂口　顕. (2008) ストレッチの基本. 理学療法ジャーナル, 42: 307-314.

7. Kubo K, Ishida Y, Komuro T, et al. (2007) Age-related differences in the force generation capabilities and tendon extensibilities of knee extensors and plantar flexors in men. J Gerontol A Biol Sci Med Sci, 62: 1252-1258.

8. 中比呂志, 出村慎一, 松沢甚三郎. (1997) 高齢者における体格・体力の加齢に伴う変化及びその性差. 体育学研究, 42: 84-96.

9. Nelson ME, Rejeski WJ, Blair SN, et al. (2007) Physical activity and public health in older adults: recommendation from the American College of Sports Medicine and the American Heart Association. Circulation, 116: 1094-1105.

10. 鈴木重行. (2013) ストレッチングの種類. 鈴木重行 編, ストレッチングの科学, pp. 2-15, 三輪書店, 東京.

11. Vandervoort AA, Chesworth BM, Cunningham DA, et al. (1992) Age and sex effects on mobility of the human ankle. J Gerontol, 47: M17-21.

文　献

12. 山本利春 監訳 (マイケル J. オルター 著). (2010) 特定の集団に対するストレッチング, 柔軟性の科学, pp. 309-320, 大修館書店, 東京.

第 6 章　高齢者に対するバランス運動の理論と実際

1. American College of Sports Medicine. (2011) Quantity and quality of exercise for developing and maintaining cardiorespiratory, musculoskeletal, and neuromotor fitness in apparently healthy adults. Guidance for prescribing exercise. Med Sci Sports Exerc, 43: 1334-1359.

2. American Geriatrics Society, British Geriatric Society, American Academy of Orthopedic Surgeons Panel on Falls Prevention. (2001) Guideline for the prevention of falls in older persons. J Am Geriatr Soc, 49: 664-672.

3. Islam MM, Nasu E, Rogers ME, et al. (2004) Effects of sensory and muscular training on balance in Japanese older adults. Preventive Medicine, 39: 1148-1155.

4. Narita M, Islam MM, Rogers ME, et al. (2015) Effects of customized balance exercises on older women whose balance ability has deteriorated with age. J Women Aging, 27 (3): 237-250.

5. Physical Activity Guidelines Advisory Committee. (2008) Physical Activity Guidelines Advisory Committee Report, 2008, U.S. Department of Health and Human Services, Washington DC.

6. Takeshima N, Rogers NL, Rogers ME, et al. (2007) Functional fitness gain varies in older adults depending on exercise mode. Med Sci Sports Exerc, 39: 2036-2043.

7. 竹島伸生, ロジャース・マイケル 編. (2010) 転倒予防のためのバランス運動の理論と実際, ナップ, 東京.

第 7 章　心理・社会的効果を得るための運動方法

1. Csikszentmihalyi M. (1990) Flow: The Psychology of Optimal Experience. Harper & Row, New York.

2. Deci EL, and Ryan RM. (eds.) (2002) Handbook of Self-determination Research. The University of Rochester Presss, NY.

3. Dishman RK, and Buckworth J. (1997). Adherence to physical activity. In: Morgan WP (ed.), Physical Activity and Mental Health, pp.63-80, Taylor & Francis, Philadelphia.

4. Edmunds J, Ntoumanis N, and Duda J. (2006) A test of self-determination theory in the exercise domain. J Appl Soc Psychol, 36: 2240-2265.

5. Farrance C, Tsofliou F, and Clark C. (2016) Adherence to community based group exercise intervention for older people: a mixed-method systematic review. Prev Med, 87: 155-166.

6. Islam MM, Koizumi D, Kitabayashi Y, et al. (2015) Decline in age-associated functional fitness after a 10-year peer-instructed community-based exercise program. Int J Sport Health Sci, 3: 61-67.

7. King AC, Haskell WL, and Taylor CB. (1991) Group- vs. home based exercise training in healthy older men and women. JAMA, 266: 1535-1542.

8. 北林由紀子, 小泉大亮, 加藤芳司 他. (2014) 長期間に亘る住民主導型による高齢者の地域型運動の継続率と出席状況からみた運動教室のあり方に関する研究. 介護福祉・健康づくり研究, 1(2): 1-4.

9. 厚生労働省. 平成 28 年国民生活基礎調査. http://www.mhlw.go.jp/toukei/saikin/hw/k-tyosa/k-tyosa/index.html

10. Mendes R, Sousa N, Themudo-Barata J, et al. (2016) Impact of a community-based exercise programme on physical fitness in middle-aged and older patients with type 2 diabetes. Gac Sanit, 30: 215-220.

11. Munro JF, Nicholl JP, Brazier JE, et al. (2004) Cost effectiveness of a community-based exercise programme in over 65 years olds: cluster randomized trial. J Epidemiol Community Health, 58: 1004-1010.

12. 内閣府 http://www.mext.go.jp/b_menu/houdou/25/08/1338746.htm

13. 中山勘次郎. (2012) 学校活動における教師の働きかけに対する自己決定理論からの分析. 上越教育大学研究紀要, 31: 111-123.

14. Skinner EA, and Belmont MJ. (1993). Motivation in the classroom: reciprocal effects of teacher behavior and student engagement across the school year. Journal of Educational Psychology, 85: 571-581.

15. 渡辺英児, 北林由紀子, 小泉大亮 他. (2013) 住民指導型による高齢者のコミュニティースポーツの運動効果 −10 年間に亘る運動参加の心理的要因について−. 第 68 回日本体力医学会大会, 東京.

文　献

16. Weinberg RA, and Gould D. (2011) Foundation of Sport and Exercise Psychology, Human Kinetics, IL.

17. Yan T, Wilber KH, Aguirre R, et al. (2009) Do sedentary older adults benefit from community-based exercise? Results from the Active Start program. Gerontologist, 49: 847-855.

第 8 章　高齢者にすすめられるウエルビクス運動の実際

1. American College of Sports Medicine. (1998) Position Stand: the recommended quantity and quality of exercise for developing and maintaining cardiorespiratory and muscular fitness, and flexibility in healthy adults. Med Sci Sports Exerc, 30: 975–991.

2. Barnet A, Smith B, Lord SR, et al. (2003) Community-based group exercise improves balance and reduces falls in at risk older people: a randomized control trial. Age Ageing, 32: 407-414.

3. Bartels EM, Lund H, Hagen KB, et al. (2007) Aquatic exercise for the treatment of knee and hip osteoarthritis. Cochrane Database Syst Rev, 17; (4): CD005523.

4. Batra A, Melchior M, Self L, et al. (2012) Evaluation of a community-based falls prevention program in South Florida, 2008-2009. Prev Chronic Dis, 9: E13.

5. Broman G, Quintana M, Lindberg T, et al. (2006) High intensity deep water training can improve aerobic power in elderly women. Eur J Appl Physiol, 98: 117-123.

6. 福崎千穂, 中澤公孝. (2008) 水中運動実践が下肢関節疾患患者の重心動揺奇跡に及ぼす急性の効果. 体力科学, 57: 377-382.

7. Gine-Garriga M, Guerra M, and Unnthan VB. (2013) The effect of functional circuit training on self-reported fear of falling and health status in a group of physically frail older individuals: a ramdomized controlled trial. Aging Clin Exp Res, 25: 329-336.

8. Hendrickson TL. (1993) The physiological responses to walking with and without Power Poles™ on treadmill exercise, Thesis, University of Wisconsin, La Grosse.

9. 桂　良寛, 吉川貴仁, 上田真也 他. (2008) 高齢者の介護予防を目指した新しい水中運動プログラムの試み–水中抵抗具を用いた下肢筋力とバランス機能の検証–. 体力科学, 57 (6): 828.

10. Kim WJ, Chang M, and An DH (2014) Effects of a community-based fall prevention exercise program participation. J Phys Ther Sci, 26: 651-653.

11. Lou P, Chen P, Zhang P, et al. (2015) A COPD health management program in a community-based primary care setting: a randomized controlled trial. Respir Care, 60: 102-112.

12. Lund H, Weile U, Christensen R, et al. (2008) A randomized controlled trial of aquatic and land-based exercise in patients with knee osteoarthritis. J Rehabil Med, 40: 137-144.

13. National Institute on Aging.　https://www.nia.nih.gov/about/nia-timeline

14. Page P. (2010) Standing strong. Bringing evidence to practice for a community-based fall prevention exercise program. Topics Geriatr Rehabil, 26: 335-352.

15. Porcari JP, Hendrickson TL, Walter PR, et al. (1997) The physiological responses to walking with and without Power Poles on treadmill exercise. Res Q Exerc Sport, 68 (2): 161-166.

16. Rodgers CD, VanHeest JL, and Schachter CL. (1995) Energy expenditure during submaximal walking with Exerctriders. Med Sci Sports Exerc, 27 (4): 607-611.

17. Sanders ME, Islam MM, Naruse A, et al. (2016) Aquatic exercise for better living on land: impact of shallow-water exercise on older japanese women for performance of activities of daily living (ADL). Int J Aqua Res Edu, 10 : 1, Article 1. http://scholarworks.bgsu.edu/ijare/vol10/iss1/1

18. Sanders ME, Takeshima N, Rogers ME, et al. (2013) Impact of the S.W.E.A.T.™ water-exercise method on ADL for older women. J Sports Sci Med, 12: 707-715.

19. 仙石直子, 小泉大亮, 竹島伸生. (2012) 機能的体力を指標とした高齢者に対するノルディックウォーキングの介入効果について. 体育学研究, 57: 449-454.

20. 竹田正樹. (2011) ノルディックウォーキングは下半身の関節間力を低減させエネルギー消費量を増大させるか?　公益財団法人大阪ガスグループ福祉財団研究助成報告書.

21. Takeshima N, Islam MM, Rogers ME, et al. (2013) Effects of nordic walking compared to conventional walking and band-based exercise on fitness in older adults. J Sports Sci Med, 12: 422-430.

文　献

22. Takeshima N, Rogers ME, Islam MM, et al. (2004) Effect of concurrent aerobic and resistance circuit exercise training on fitness in older adults. Eur J Appl Physiol, 93: 173-182.

23. Takeshima N, Rogers ME, Watanabe E, et al. (2002) Water-based exercise improves health-related aspects of fitness in older women. Med Sci Sports Exerc, 34: 544-551.

24. Tomiyama N, Islam MM, Rogers ME, et al. (2015) Effects of seated vs. standing exercises on strength and balance in community-dwelling older women. Activities, Adaptation, and Aging, 39: 280-290.

25. Tsourlou T, Benik A, Dipla K, et al. (2006) The effects of a twenty-four-week aquatic training program on muscular strength performance in healthy elderly women. J Strength Cond Res, 20: 811-818.

26. Walter PR, Porcari JP, Brice G, et al. (1996) Acute responses to using walking poles in patients with coronary artery disease. J Cardiopulm Rehabil, 16: 245-250.

27. 渡辺英児, 竹島伸生, 長ヶ原誠 他. (2001) 高齢者を対象とした 12 週間にわたる水中運動による心理的・身体的効果 : 量的・質的アプローチを用いた多面的分析. 体育学研究, 46: 353-364.

28. Yamauchi T, Islam MM, Koizumi D, et al. (2005) Effect of home-based well-rounded exercise in community-dwelling older adults. J Sports Sci. Med, 4: 563-571.

第 9 章　地域型運動のすすめ

1. Ashworth NL, Chad KE, Harrison EL, et al. (2005) Home versus center based physical activity programs in older adults. Cochrane Database Syst Rev, 25; (1): CD004017.

2. Barnet A, Smith B, Lord SR, et al. (2003) Community-based group exercise improves balance and reduces falls in at risk older people: a randomized control trial. Age Ageing, 32: 407-414.

3. Batra A, Melchior M, Self L, et al. (2012) Evaluation of a community-based falls prevention program in South Florida, 2008-2009. Prev Chronic Dis, 9: E13.

4. Farrance C, Tsofliou F, and Clark C. (2016) Adherence to community based group exercise intervention for older people: a mixed-method systematic review. Prev Med, 87: 155-166.

5. Islam MM, Koizumi D, Kitabayashi Y, et al. (2015) Decline in age-associated functional fitness after a 10-year peer-instructed community-based exercise program. Int J Sport Health Sci, 3: 61-67.

6. Kim WJ, Chang M, and An DH (2014) Effects of a community-based fall prevention exercise program participation. J Phys Ther Sci, 26: 651-653.

7. King AC, Haskell WL, and Taylor CB. (1991) Group- vs. home based exercise training in healthy older men and women. JAMA, 266: 1535-1542.

8. 北林由紀子, 小泉大亮, 加藤芳司 他. (2014) 長期間に亘る住民主導型による高齢者の地域型運動の継続率と出席状況からみた運動教室のあり方に関する研究. 介護福祉・健康づくり研究, 1(2): 1-4.

9. Mendes R, Sousa N, Themudo-Barata J, et al. (2016) Impact of a community-based exercise programme on physical fitness in middle-aged and older patients with type 2 diabetes. Gac Sanit, 30: 215-220.

10. Munro JF, Nicholl JP, Brazier JE, et al. (2004) Cost effectiveness of a community-based exercise programme in over 65 years olds: cluster randomized trial. J Epidemiol Community Health, 58: 1004-1010.

11. Weinberg RA, and Gould D. (2011) Foundation of Sport and Exercise Psychology, Human Kinetics, IL.

12. Yan T, Wilber KH, Aguirre R, et al. (2009) Do sedentary older adults benefit from community-based exercise? Results from the Active Start program. Gerontologist, 49: 847-855.

113

索　引

【あ行】

アームカール　53, 89
アームプルトゥーバック　54
アイソトニックトレーニング　42
アイソメトリックトレーニング　42
アウトドアスポーツ　26
握力　6
足関節底屈筋力　60
足関節背屈可動域　14, 68
足関節背屈筋力　59
アップアンドゴー　89
アデノシン三リン酸　35
アネロビック運動　35
アメリカスポーツ医学会のガイドライン　35
アンクルプレス　55
安静時心拍数　36
安静状態に対する相対的強度　16
安全性　23
安定性の限界値　9, 11, 31, 74
アンドロゲン　9
安寧　81

1日あたりの平均歩数　17
一回拍出量　1, 2
移動能力評価　9
井戸端会議　21

ウエイト式マシン　47
ウエイトトレーニング用マシン　25
ウエルビクス　92, 99
ウォーキング　35
うつ病　19
運動開始前のセルフチェックリスト　24
運動強度　36, 45
運動参加の理由　83
運動種目　37
運動単位の動員　29
運動の継続　82, 84, 99
運動の中止　25
運動頻度　37
運動を実践しない理由　83

エアロビクスガイドラン　36
エアロビクストレーニング　27
エアロビック運動　35
エイジシュート　32
エストロゲン　8
エネルギー消費量　16, 32, 98

【か行】

ガイディングマシン　43
外的調整　85
外発的動機づけ　84
開放性運動連鎖　43
可逆性の原理　46
拡張期血圧　2, 46, 98
角度計　12
下肢筋力　6
加速度計　16
加速度計つき歩数計　32, 38
片足立ち試験　9
片足立位時間　60, 70
家庭型運動　99
可動域　12
過負荷の原理　46
カルボーネンの式　36
加齢に伴う $\dot{V}O_2$max の変化　5
加齢に伴う筋力の低下率　6
加齢に伴う最高心拍数の低下　2
監視型運動　23, 99
冠動脈疾患　16, 97

機能的自立　29
機能的自立度評価法　60
機能的体力　95
基本的 ADL　60
脚伸展筋力　18
脚部血流量　3
狭心症　97
虚弱者　58
筋横断面積　6
筋緊張異常　12
筋腱複合体　14
筋収縮様式　41

115

索　引

筋線維の太さ　29
筋線維量　29
筋の硬さ　13
筋の交感神経活動　3
筋パワー　60
筋肥大　29
筋量　6, 49
筋力　6, 31
　　──加齢に伴う低下　6
筋力トレーニング　29

靴の選び方　26
グリコーゲン　35

継続率　83
携帯型空気圧式運動器具　59
血管抵抗　28
血中ブラジキニン濃度　15
健康寿命　41
健康日本21（第二次）　38
原発性骨粗鬆症　8

後期高齢者　19
高強度トレーニング　27
高血圧症　16, 24
高次機能　73
高代謝回転型の骨代謝　8
交流の場　21
高齢者のイメージ　19
高齢者向けのエアロビクスガイドラン　36
ゴールデンウェーブ　95
呼吸機能　3
呼吸循環器系体力　1
呼吸数　28
骨塩量　63
骨格筋　41
骨吸収　8
骨強度　63
骨形成　8
骨粗鬆症　7, 8
骨代謝　8
骨密度　62, 63
骨量　7, 62
ゴニオメータ　12
コミュニティ　99
ゴムバンド　50
　　──伸長率　50
　　──抵抗値　50
ゴムバンドを使った運動　49
固有受容性神経筋促通法　67
ゴルフ　32

ゴルフプレー中のエネルギー消費量　32
ゴルフプレー中の運動強度　32
コンカレントエクササイズ　92
コンバインドエクササイズ　92

【さ行】
サーキット運動　93
サイクリング　35
最高酸素摂取量　93
最高心拍数　1, 27, 36
　　──加齢に伴う低下　2
最高到達点　11
最大可動範囲　67
最大換気量　4, 28
最大酸素摂取量　→　$\dot{V}O_2$max をみよ
最大肺拡散容量　28
最大破断試験の最大荷重　64
座位でのバランス運動　79
座位でのレジスタンス運動　92
左室収縮能　2
サステナビリティ　86, 99
サルコペニア　18
残気量　3
三次元断層測定法　64
酸素運搬能力　4, 28
酸素摂取率　4, 28
酸素摂取量　36, 96
三半規管　73
視覚情報　7, 31, 76

自己決定理論　84, 85
脂質　35
脂質代謝常症　24
自重によるスクワット　58
自重によるレジスタンス運動　44
施設型運動　99
持続し発展する社会　99
質的研究法　85
シットアンドリーチ　12, 89
社会的機能　19
ジャンプトレーニング　62, 65
収縮期血圧　2, 46, 98
収縮期血圧と拡張期血圧の差　2
収縮速度　42
重心動揺　9, 11
柔軟運動　67, 91, 99
柔軟性　12
主観的運動強度　48, 58, 96
手段的ADL　60
上肢の筋力　6
情報技術（IT）を使った健康づくり　40

索　引

初期到達点　11, 31
ジョギング　35
自律的　84
自律的動機づけ　82
心筋梗塞　98
心筋酸素消費量　2, 28
心疾患　97
腎臓病　23
身体運動　38
身体活動　16, 17, 38
身体活動量　31, 38
伸張刺激　15
伸張刺激に対する痛み閾値　14
伸張性収縮　42
伸張-短縮サイクル　42
心拍出量　1
心拍数　36, 96, 98
心拍予備量　36
心理的機能　19
心理的効果　81

水圧　94
水中運動　37, 94
スキル　84
スクワット　51, 57, 79
　　──自重による　58
スタティック・ストレッチング　67
ステロイド性骨粗鬆症　8
ストレッチング　49, 67

生活機能　95
生活フィットネス　41
静的バランス能　10
全身持久性　93
漸進性の原則　46
前庭機能　31
前庭系　76
前庭系感覚機能　73

総死亡率　16
総消費エネルギー量/基礎代謝量　17
相対的運動強度　48
総肺活量　4
続発性骨粗鬆症　8
速筋線維　6

【た行】
体幹回旋　13, 68
体脂肪量　49
短縮性収縮　42
体性感覚　73, 77

体性感覚機能　31
大腿四頭筋の筋力　57
ダイナミック・ストレッチング　67
多関節運動　43
他者との関係性　85
立ち幅跳び　6
楽しさ　83
ダブルアームプルバック　52
ダブルプロダクト　28, 46
単関節運動　43
短期的効果　81
タンデムスタンス　79
タンデム立ち　9
タンデム歩行　79

地域型運動　87, 91, 99, 100
チェアスタンド　89
遅筋線維　6
中等度強度運動　31, 45
中等度強度運動の総時間　18
中等度強度での推奨活動時間　39
中強度トレーニング　27
超音波断層法　49
超音波法　7
長期的効果　81
長座体前屈　12, 68

通所リハビリテーション施設利用者　59

低強度トレーニング　27
低代謝回転型の骨代謝　8
出面（でめん）　20
転倒　15, 73
転倒予防　73

動機づけ　84
糖質　35
等尺性収縮　41
動静脈酸素較差　3, 28
等速性運動機器　13, 14
等速性収縮　42
等張性収縮　42
動的バランス能　10, 11
糖尿病　24
動脈血酸素飽和度　4
動脈脈波速度　28
投薬　64
トーリフト　56
特異性の原理　46
努力性肺活量　3
トルクマシン　13

117

索　引

トレーニングの3原理　46

【な行】
内発的動機づけ　84

ニーエクステンション　53
ニーフレクション　54
2型糖尿病　89
二重エネルギーX線吸収法　63
二重標識水法　16
日常生活動作　→　ADLをみよ
乳酸性閾値　28, 37, 93

熱中症対策　27
粘性抵抗　94

脳　31, 73
ノルディックウォーキング　92, 96

【は行】
バーセルインデックス　60
ハイインパクト負荷　62
肺胞換気量　28
破壊エネルギー　64
バックエクステンション　55
バックスクラッチ　12, 89
パフォーマンステスト　9
バランス運動　73, 91, 99
　　——座位　79
バランス能　9, 31
　　——静的　10
　　——動的　10, 11
バランスマスター　10, 74
バリスティック・ストレッチング　67
パワー　18
反復回数　45

非監視型運動　23, 99
膝関節伸展筋力　60
膝関節伸展トルク　57
ヒップフレクション　52
ヒューマンカロリーメーター　16
表面筋電図　57
頻度　45

不安感　81
ファンクショナルリーチ　9
不安傾向　82
フォームパッド　74
複合運動　91, 99
服薬　24

不整脈　46
腹筋運動　56
プライオメトリックトレーニング　42
フリーウエイト　43
浮力　94
フロー　83

平均動脈圧　47
平均歩数　17
閉経　8
平衡性　9
閉鎖性運動連鎖　43
ベッドレスト　62

歩行　38
歩数　17, 31, 38
歩数計　16

【ま行】
末梢血管抵抗　3
末梢血流　3
末梢酸素摂取量　3

ミオグロビン　28
水の特性　94
脈圧　2

無酸素性運動　35
無動機づけ　84

メカノスタット理論　62
メタボリックシンドローム　23
メディカルチェック　24

毛細血管数　28
毛細血管密度　3

【や行】
油圧式マシン　47, 93
有効性　23
有酸素性運動　35, 82, 91, 99
有酸素性エネルギー代謝　35

要介護者　59
IV群神経線維活動　15

【ら行】
ライフスタイルの変化　20

陸上運動　94
リクルートメント　29

索引

立位でのレジスタンス運動　92
リハビリテーション　97

レジスタンストレーニング　29
レジスタンス運動　41, 91, 99
　　——座位　92
　　——自重による　44

老研式活動能力指標　60
老年期　19
ロートン　60

【欧文】
ACSM のガイドライン　35
ADL（activities of daily living）　12, 60
　　——基本的　60
　　——手段的　60
　　——トレーニング　95
aerobic 運動　35
anaerobic 運動　35
ATP　35

Barthel index　60
Berg Balance スケール　9
bone mass　62
bone mineral content　63
bone mineral density　62

closed kinetic chain（CKC）　43
community−based exercise（CBE）　87, 100
concentric contraction　42

dual energy X−ray absorptiometry（DXA）　63

eccentric contraction　42
exercise　38

flexibility　12
flow　83
Frank−Starling の法則　1
Functional Independence Measure（FIM）　60
Functional task トレーニング　95

guiding machine　43
Guralnik Test Battery　9

heart rate（HR）　36
heart rate reserve（HRR）　36
HRmax　36

ID ストレッチング　67
individual muscle stretching　67
isokinetic contraction　42
isometric contraction　41
isotonic contraction　42

lactate threshold（LT）　37

metabolic equivalents（METs）　16

non−weight bearing exercise　63

open kinetic chain（OKC）　43
overload の原理　46

PACE（programing aerobic and anaerobic circuit exercise）　93
physical activity　16, 38
pQCT 法　64
proprioceptive neuromuscular facilitation（PNF）　67
　　——ストレッチング　67

quality of life　38

range of motion（ROM）　12
reversibility の原理　46

semi−closed kinetic chain（SCKC）　43
specificity の原理　46
Standing strong fall prevention program　91
stiffness　13
stretch shortening cycle（SSC）　42
stretch tolerance　13

Tinetti バランス評価　9

U.S. Surgeon General Report　39

$\dot{V}O_2$　36
$\dot{V}O_2max$　2, 96
　　——加齢に伴う低下　5
　　——絶対値　4
　　——体重あたりの値　4

weight bearing exercise　63
well−rounded exercise　91

119

ウエルビクス運動のすすめ

健康づくりと自立維持を目指す運動の実践のために　　　　　　（検印省略）

2017 年 12 月 27 日　第 1 版　第 1 刷

編著者　　竹　島　伸　生
発行者　　長　島　宏　之
発行所　　有限会社　ナップ
〒111-0056　東京都台東区小島 1-7-13　NK ビル
TEL 03-5820-7522／FAX 03-5820-7523
ホームページ http://www.nap-ltd.co.jp/
印　刷　　シナノ印刷株式会社

© 2017　Printed in Japan　　　　　　　　　　　ISBN978-4-905168-51-5

JCOPY 〈(社) 出版者著作権管理機構 委託出版物〉
本書の無断複写は著作権法上での例外を除き禁じられています．複写される場合は，そのつど事前に，一般社団法人出版者著作権管理機構（電話 03-3513-6969，FAX 03-3513-6979，e-mail: info@jcopy.or.jp）の許諾を得てください．